De pessoa
a pessoa

Dados Internacionais de Catalogação na Publicação (CIP)
(Câmara Brasileira do Livro, SP, Brasil)

Hycner, Richard
   De pessoa a pessoa: psicoterapia dialógica / Richard Hycner
[tradução Eliza Plass Z. Gomes, Enila Chagas, Márcia Portella].
São Paulo: Summus, 1995.

   Título original: Between person and person: toward a dialogical
psychoterapy.
   Bibliografia.
   ISBN 978-85-323-0455-1
   1. Gestalt - Terapia 2. Psicoterapia 3. Psicoterapia
centrada no cliente I. Título.

94-3906
CDD-616.8914
NLM-WM 420

Índices para catálogo sistemático:

1. Conhecimento : Transdisciplinaridade   153
2. Transdisciplinaridade : Conhecimento   001

www.summus.com.br

Compre em lugar de fotocopiar.
Cada real que você dá por um livro recompensa seus autores
e os convida a produzir mais sobre o tema;
incentiva seus editores a encomendar, traduzir e publicar
outras obras sobre o assunto;
e paga aos livreiros por estocar e levar até você livros
para a sua informação e o seu entretenimento.
Cada real que você dá pela fotocópia não autorizada de um livro
financia o crime
e ajuda a matar a produção intelectual de seu país.

De pessoa a pessoa

Psicoterapia dialógica

RICHARD HYCNER

summus
editorial

Do original em língua inglesa
BETWEEN PERSON AND PERSON
Toward a dialogical psychotherapy
Copyright © 1988 by Richard H. Hycner
© 1991 by The Center of Gestalt Development, Inc.
Direitos desta tradução adquiridos por Summus Editorial

Tradução: **Elisa Plass Z. Gomes**
Enila Chagas
Márcia Portella
Revisão técnica: **Jean Clark Juliano**
Capa: **Ettore Bottini**

Summus Editorial
Departamento editorial
Rua Itapicuru, 613 – 7º andar
05006-000 – São Paulo – SP
Fone: (11) 3872-3322
Fax: (11) 3872-7476
http://www.summus.com.br
e-mail: summus@summus.com.br

Atendimento ao consumidor
Summus Editorial
Fone: (11) 3865-9890

Vendas por atacado
Fone: (11) 3873-8638
Fax: (11) 3872-7476
e-mail: vendas@summus.com.br

Impresso no Brasil

A minha mãe e meu pai,
que me deram tanto,
incluindo a vida.

A Dorothy, minha esposa,
com quem compartilho
o meu *self* mais íntimo.

A Bryce,
que veio após o término
do livro,
mas sendo
sua verdadeira finalização.

Sumário

Prefácio: Maurice Friedman, 9

Agradecimentos, 15

PARTE I — A PROFISSÃO PARADOXAL

1. Introdução, 21
2. A profissão paradoxal, 27
3. Por que uma psicoterapia dialógica: uma odisséia pessoal, 43

PARTE II — TEORIA

4. Em direção a uma psicoterapia dialógica, 55
5. Psicoterapia dialógica: visão geral e definições, 67
6. A dimensão espiritual na psicoterapia, 81
7. O princípio dialógico em psicoterapia, 99

PARTE III — APLICAÇÃO

8. Entrando no mundo do cliente, 111
9. O problema é a resposta, 127
10. A sabedoria da resistência, 141

BIBLIOGRAFIA, 157

Prefácio

A publicação do tão esperado livro de Richard Hycner, *De Pessoa a Pessoa: Psicoterapia Dialógica,* marca um grande passo à frente no amadurecimento do movimento da psicoterapia dialógica.

Psicoterapia dialógica é, para nós, uma terapia centrada no *encontro* do terapeuta com seu cliente, ou a família, ambos como o módulo central de cura, seja qual for a análise, o "role playing", as técnicas terapêuticas e atividades que possam estar sendo utilizadas. É mais uma abordagem que uma linha psicoterapêutica, porque não pertence a nenhuma escola, específica e cujos representantes e pioneiros encontram-se em muitas das maiores escolas de psicoterapia.

De Pessoa a Pessoa enfoca de maneira vívida e sistemática muitos dos elementos básicos da psicoterapia dialógica: o "entre", a "cura através do encontro", a "problemática da mutualidade", a confirmação e a inclusão. Além disso, nos capítulos finais, integra com grande beleza todos esses elementos nas relações EU-TU e EU-

ISSO de Martin Buber, em seu ensinamento hassídico de "reverenciar o cotidiano"; na vontade e determinação de Leslie Farber; e na ênfase na presença, o aqui e agora, e na expansão do self da Gestalt-terapia, do zen e da psicologia transpessoal. No capítulo "Entrando no mundo do cliente", Hycner enfoca a cura através do encontro, da presença e da "suspensão" fenomenológica; da ênfase de Buber na singularidade, na alteridade e no "centro dinâmico da pessoa"; e mais, no "diálogo de pedras de toque". Hycner também aplica os elementos da psicoterapia dialógica à prática terapêutica e chama a atenção para a realidade somática subjacente, tocando, pelo menos implicitamente, na idéia de Buber do inconsciente antepondo-se à elaboração em psíquico e físico. Em sua brilhante conclusão em "A sabedoria da resistência", Hycner aprofunda o conceito de valorização da criatividade da resistência, da Gestalt-terapia, levando-o a uma compreensão mais concreta da relação da resistência ao "entre", como nenhum dos psicoterapeutas que o antecederam jamais o fizeram.

Visto como um todo, *De Pessoa a Pessoa* é uma convincente apresentação da psicoterapia dialógica, que marca a chegada à maioridade deste movimento. É um livro que certamente provocará respostas de terapeutas e orientadores de todo tipo. O livro de Richard Hycner é um empreendimento notável que integra totalmente o pensamento, o sentimento, a ação, a teoria e a prática, o academicismo, a profissão e a vida.

O que faz *De Pessoa a Pessoa* um novo e importante passo no desenvolvimento da psicoterapia dialógica é que o autor constrói sobre a fundamentação posta em meu livro *The Healing Dialogue in Psychoterapy,* e vai substancialmente mais adiante. O aspecto mais importante é que Hycner, em contraste com meu livro, apresentou idéias próprias sobre a psicoterapia dialógica, a partir do crescimento diretamente decorrente de seus anos de estudo e prática clínica, em vez de, como eu, trabalhar com os diálogos entre muitos pensadores com os quais lidei em meus estudos. O Dr. Hycner também faz uso frutífero dos pensamentos de Martin Buber, de Hans Trüb, do meu próprio e de alguns outros teóricos. A preocupação essencial, entretanto, é apresentar seu próprio pensamento.

Talvez possamos acrescentar uma dimensão de profundidade à nossa compreensão da importância de *De Pessoa a Pessoa,* se o colocarmos dentro do contexto dos elementos da psicoterapia dialógica. O primeiro deles é o que Martin Buber chama de "entre" — o reconhecimento da dimensão ontológica no encontro entre pessoas, ou o "inter-humano", que é usualmente negligenciado, em função da tendência a dividir nossa existência em interno e externo, subjetivo ou objetivo. O segundo, é o reconhecimento do dialógico. "Todo viver verdadeiro é encontro", como o elemento essencial da existência humana, no qual nos relacionamos com os outros em sua singularidade e alteridade e não apenas como uma gratificação em nossa experiência. Deste ponto de vista, o psicológico é apenas o complemento do dialógico e não, como muitos profissionais da área (até mesmo da linha humanista) costumam vê-lo, a pedra de toque da realidade em si mesma. Como comentou Harry Guntrip, até mesmo a idéia de "relações objetais" começa a ficar marcada, porque a psicologia não tem conseguido encontrar em lugar algum a terminologia para expressar o que Martin Buber quis dizer com mutualidade total, comunicação direta, abertura e presença da relação "EU-TU". O terceiro elemento é o reconhecimento que salienta tanto a relação EU-TU, como a relação EU-ISSO. É o movimento duplo do distanciar-se e do entrar em relação, que Buber toma como base de sua antropologia filosófica *(The Knowledge of Man)*.

As considerações acima conduzem ao quarto elemento: o reconhecimento de que o elemento básico da cura — que visa restaurar o centro pessoal atrofiado e não apenas fazer um rápido reparo — é o que Buber e Hans Trüb chamam de "cura pelo encontro". Toda terapia, em maior ou menor grau, apóia-se nos encontros entre terapeuta e cliente. A terapia dialógica, entretanto, fundamenta-se de modo direto na cura pelo encontro como ponto central, em vez de tomá-lo como aspecto secundário. E isso se deve ao quinto elemento — o inconsciente, considerado por Buber como a totalidade da pessoa antes de qualquer diferenciação e elaboração em psique e físico, interno e externo. Isso aplica-se também aos sonhos que, desse ponto de vista, nunca são apenas um material do inconsciente em estado bruto. Ao serem relembrados, entraram no diálogo entre terapeuta e cliente e entre o cliente e os outros. O resultado dessa abordagem é a possibilidade de se estabelecer diálogos com os próprios sonhos, tanto quanto com qualquer pessoa ou objeto que possamos encontrar.

Nesse enfoque, a culpa, de forma análoga, não é vista como basicamente interna ou apenas neurótica, mas como um evento do "entre". É algo surgido da doença entre pessoa e pessoa e que só pode ser curado quando ela é esclarecida, perseverando no esclarecimento e reparando a ordem perturbada da existência, através da dedicação ativa. Isso implica caminhar do diálogo interrompido à retomada do diálogo.

A terapia também se apóia na relação EU-TU de abertura, mutualidade, presença e comunicação direta. Ainda assim, ela nunca pode ser completamente mútua. Existe um contato mútuo, uma confiança mútua e um interesse mútuo em relação a um problema comum, mas não há "inclusão" mútua. O terapeuta pode e deve estar do lado do cliente, em uma relação bipolar, e pode imaginar de forma bastante concreta o que o cliente está pensando, sentindo e desejando. O terapeuta, entretanto, não pode esperar ou exigir que o cliente pratique a mesma inclusão com ele. Contudo, *haverá* mutualidade, incluindo o terapeuta se ele compartilhar aspectos pessoais com o cliente, quando isso parece ser adequado. Por essa razão, chamo esse elemento de "problemática da mutualidade".

A inclusão é o oitavo elemento da psicoterapia dialógica. A inclusão, ou "imaginar o real", deve se distinguir da empatia, que se transporta para o outro lado da relação e abandona o próprio lado, e também da identificação, que permanece no próprio lado e não consegue se transportar para o outro. Somente os dois juntos podem produzir o nono elemento — a confirmação do terapeuta, que começa a substituir a desconfirmação que o cliente experienciou na família e na comunidade. A confirmação vem da compreensão do cliente a partir do seu interior, e segue, além disso, como sugeriu Trüb, para um segundo estágio, onde a demanda da comunidade impõe-se ao cliente. A demanda capacita-o a retomar o diálogo com aqueles de quem se separou.

O décimo e último elemento, o "diálogo de pedras de toque", inclui realmente todos os outros e, em particular, a inclusão e a confirmação. Ele é praticado por todo bom terapeuta, especialmente o dialógico, como Richard Hycner. Quando, através de uma experiência maior com a inclusão e com a imaginação do real, o terapeuta capacita o cliente a transcender o terrível ou/ou: ou permanecer verdadeiro às próprias pedras de toque da realidade à custa de ser marginalizado pela comunidade, ou entrar em relação com essa comunidade à custa de negar as próprias pedras de toque. O terapeuta deve ajudar o cliente a trazer suas pedras de toque da realidade para o diálogo com outras pessoas, a começar com ele mesmo. Todos esses elementos da psicoterapia dialógica estão presentes no original e bem escrito livro de Richard Hycner: *De Pessoa a Pessoa: Psicoterapia Dialógica*. No final de seu ensaio, "A cura através do encontro", Martin Buber fala do "caminho da pausa assustada, da reflexão destemida, do envolvimento pessoal, da rejeição da segurança, do entrar sem reservas na relação, da ruptura do psicologismo ... da visão e do risco... que Hans Trüb trilhou". Com certeza não faltarão pessoas como ele, "que encontrarão seu caminho e o estenderão para a frente," conclui Buber. Richard Hycner é uma dessas pessoas.

Maurice Friedman

Agradecimentos

Um autor jamais fala apenas por si mesmo. A voz daqueles que o precederam, a voz dos que cuidaram dele e daqueles dos quais ele cuidou, sempre são parte da sua fala. Assim é com este trabalho. Ele nunca teria frutificado sem a presença e a voz de tantas pessoas. Alguns falaram através de seus escritos, outros o enriqueceram com sua presença viva.

Este livro nunca teria sido concluído sem o encorajamento e o suporte de minha esposa, Dorothy Lujan. Sempre presente nas muitas horas difíceis, seu amor e apoio me possibilitaram concentrar atenção neste esforço. Ela ensinou-me a aquietar minha crítica interna. Seus comentários editoriais tornaram muito mais agradável a leitura deste trabalho.

As raízes do livro começaram em 1969, quando o padre Charles Lehmkuhl sugeriu a um inexperiente e perturbado universitário, que buscava um sentido maior, que lesse o livro *EU e TU* de Martin

Buber. As palavras de Buber continuam a me inspirar desde aquele tempo. Mais tarde, essas primeiras sementes floresceram sob a orientação e inspiração de Maurice Friedman. Nunca me esquecerei de que, quando eu era um mero aluno do primeiro ano de doutorado, ele concedeu-me seu tempo, ilimitadamente, para discutirmos sobre o tema de minha dissertação, que ainda não estava escolhido! Superficialmente, falávamos sobre a proposta da dissertação, mas no fundo ambos sabíamos que falávamos de minha vida. Foi graças aos seus ensinamentos e seus escritos que tornou-se possível aplicar de forma inteligível, ao processo da psicoterapia, a filosofia do diálogo de Buber. Foi ele quem sugeriu que alguns de meus artigos poderiam tornar-se um livro. Ele me apoiou e continuamos nossas conversas durante este trabalho.

Anna e Milan Sreckovic entraram em minha vida numa fase crítica deste trabalho. Foram eles que sugeriram a sua publicação e tomaram a iniciativa de publicá-lo em alemão.[1] Isso me permitiu continuar. A amizade de ambos é preciosa.

Desejo também agradecer aos primeiros e últimos leitores dos muitos rascunhos do manuscrito original. Na fase final, preciso destacar especialmente Charlie Brice. Foi sua personalidade, sua crítica carinhosa e honestidade intelectual que me ajudaram a tornar bem mais agradável a leitura deste livro. Ele me mostrou que escrever é uma arte. Quero agradecer a Missy Simpson por nossos encontros semanais, que me proporcionaram apoio e estímulo intelectual. Ela sempre foi muito paciente lendo e respondendo a vários capítulos deste livro. Em um primeiro momento, Chris Downing encontrou tempo em seu ocupado horário de trabalho para ler e comentar os esboços iniciais do manuscrito. Jim DeLeo, colega e co-diretor do Instituto para Psicoterapia Dialógica, apoiou-me com sua presença, estímulo intelectual e crença nesta abordagem.

Quero agradecer também aos muitos estudantes que tive durante estes anos, que ouviram com boa vontade o que eu tinha a dizer. Suas perguntas e respostas estimularam ainda mais meu pensamento. Meus clientes também me ensinaram, repetidas vezes, sobre o verdadeiro processo da psicoterapia.

---

1. Publicado em 1989 como *Zwischen Menschen: Ansätze zu einer Dialogischen Psychotherapie*, na Alemanha Ocidental, por Edition Humanistische Psychologie (trad. Irmgard Hölscher).

Desejo agradecer ainda a meus amigos, tão negligenciados por mim, algumas vezes, nos períodos de trabalho intensivo. A paciência deles tornou este livro possível. Uma palavra de gratidão deve ir para Victoria Kuhl, por sua habilidade de processar textos e por sua flexibilidade e paciência.

Joe Wysong merece agradecimento pela leitura paciente e edição cuidadosa do texto final, tornando-o mais acessível.

Finalmente, este trabalho foi inspirado diretamente na relação com um rio no Oregon — um rio, cuja Voz me falou e ainda fala, perguntando quando irei unir-me a Ele.

PARTE I

A PROFISSÃO PARADOXAL

"A profissão em particular
que está aqui em questão
é a mais paradoxal de todas."

(Martin Buber, 1957)

1/

Introdução

"Todo viver verdadeiro é encontro"
(Martin Buber,1958)

Este trabalho é um estudo cuidadoso de uma abordagem psicoterapêutica baseada na filosofia do diálogo — a psicoterapia dialógica.[2] O esforço para tornar compreensível uma psicoterapia de base dialógica surge de uma profunda crença pessoal: a fundamentação de nossas *teorias, métodos e práticas terapêuticas* em uma abrangen-te filosofia do diálogo pode ampliar significativamente o conhecimen-to da psicoterapia, da patologia e da própria existência

---

2. Em relação ao termo "psicoterapia dialógica", acredito que começou a ser usado para referir-se a uma abordagem terapêutica distinta por volta do final de 1983, ou começo de 1984. Foi incorporado ao nome do Instituto para Psicoterapia Existencial-Dialógica em 1984, em San Diego/CA. A fim de enfatizar mais o caráter de uma abordagem distinta, o nome foi, mais tarde, modificado para Instituto de Psicoterapia Dialógica. Claramente, havia muitos antecedentes para essa denominação e utilização formais. Hans Trüb (que será discutido no cap. 5) referiu-se a essa abordagem como a "cura pelo encontro" (1952). Ele também falou de uma "atitude dialógica" em relação ao terapeuta, e de um procedimento dialógico-antropológico para a psicoterapia. Martin Buber, em sua introdução ao livro de Trüb, contribuiu com a descrição da aplicação de sua filosofia do diálogo, para a psicoterapia

humana. Embora atualmente várias psicoterapias tragam implícita esta abordagem[3], nenhuma delas a utiliza como *contexto* explícito e *foco* de seu impulso para a cura.

As últimas duas décadas têm presenciado um excesso de técnicas psicoterápicas. Parece que surgiram técnicas suficientes para resolver qualquer problema psicológico imaginável. Ainda assim, elas nos deixaram ansiando por algo mais. Evidentemente não há nada errado com a técnica *per se*. Todos nós precisamos de técnicas. Ironicamente, entretanto, uma ênfase excessiva na orientação técnica fomenta os próprios problemas que ela se propõe a resolver. Quando as técnicas têm supremacia, o lado humano fica obscurecido.

Novos e importantes avanços no processo psicoterapêutico não se concretizarão com a descoberta de mais técnicas. Deseja-se algo mais — algo além da *mera* técnica. A técnica precisa estar baseada na *relação* entre pessoa e pessoa — o inter-humano[4]. Este livro é um estudo de uma psicoterapia do inter-humano.

A psicoterapia dialógica não está identificada com nenhuma escola específica de pensamento psicoterapêutico, orientação teórica ou técnicas. Os princípios básicos desta postura são que a *abordagem global,* o *processo* e o *objetivo* da psicoterapia precisam estar assentados em uma perspectiva dialógica. Por "abordagem" entendemos a orientação global pessoal e filosófica do terapeuta para com o trabalho psicoterapêutico; o "processo" refere-se à interação de fato *entre* cliente e terapeuta; e "objetivo" significa o "resultado" da terapia — no caso, o aumento da habilidade relacional do cliente.

O termo "dialógico" não se refere ao "discurso" como tal, mas ao fato de que a existência humana, em seu nível mais fundamental é inerentemente relacional. Um modelo individualista de pessoa, ao

---

como a "cura através do encontro". Maurice Friedman, em um artigo de 1975, referiu-se a uma abordagem dialógica em psicoterapia. Também, em seu *Healing Dialogue in Psychotherapy-1985,* a seção II foi originalmente intitulada "Em direção a uma Psicoterapia Dialógica". Mais um esclarecimento: a Terapia Contextual parece emergir das mesmas premissas filosóficas. Entretanto, pelo que sei, ela tem se direcionado para a terapia familiar. Só me dei conta das similaridades específicas dessa abordagem quando a tarefa de escrever esse trabalho estava quase concluída.
3. Este ponto é explorado em maior detalhe no capítulo 7 "O princípio dialógico em psicoterapia."
4. Os termos "inter-humano", "dialógico" e "entre" são aproximadamente equivalentes em seu uso, neste trabalho.

contrário, pressupõe primeiramente a existência de indivíduos como "entidades" separadas e considera o relacional como um fenômeno secundário. É difícil para as pessoas, no mundo moderno, aceitarem que "a individualidade" é somente um dos pólos de uma relação bipolar. Por outro lado, a teoria sistêmica de terapia familiar tende a obscurecer a singularidade do indivíduo. É necessária uma abordagem que abranja ambas as realidades. Como conseqüência, a abordagem dialógica exige uma mudança *radical* de paradigma dos modelos psicológicos do self isolado ou da abordagem sistêmica para a esfera do "inter-humano".

O principal expositor da filosofia do inter-humano no século XX — a filosofia dialógica — foi Martin Buber[5]. Buber foi um filósofo, educador e humanista que sentiu o colapso do relacionamento na civilização moderna. Ele tinha muita consciência de que a ênfase tecnocrática da sociedade moderna provoca um distanciamento maior entre as pessoas. A orientação tecnocrática moderna obscurece a dimensão central — o *status* ontológico — da esfera relacional em nossa vida. Desenfatizar do inter-humano resulta em isolamento, alienação e no inevitável narcisismo dos dias modernos. Isso cria uma obsessão com o self — a hiperconsciência. A realidade da outra pessoa está escondida por este foco acanhado. A fobia moderna de intimidade é um reflexo disso. O relacional fica subjugado por uma ênfase excessiva no individual. A ênfase excessiva no individual cria uma separação não somente *entre* as pessoas e em nosso relacionamento com a natureza, mas também *dentro* de nossa própria psique. A perspectiva dialógica é um esforço para sanar essas rupturas.

A dimensão do inter-humano manifesta-se no evento relacional — o *diálogo* — entre pessoas. Para Buber, o significado do inter-humano "...não será encontrado em qualquer um dos dois parceiros, nem nos dois juntos, mas somente no diálogo entre eles, no *entre* que é vivido por ambos" (1965b, p. 75). Sua realidade é maior que *cada um* dos indivíduos envolvidos. É também *maior* do que a soma total dos dois indivíduos. Ambos os aspectos são parte de uma esfera mais ampla — o inter-humano. Tanto o individual quanto a relação estão contidos na esfera do *entre*.

---

5. Para mais detalhes sobre alguns dos pensadores que influenciaram a filosofia de Buber, ver também "Afterword: The History of the Dialogical Principle" em *Between Man and Man* (1965a) pp. 209-224.

A publicação em 1923 do famoso trabalho de Buber, *EU e TU* foi decisiva para nossa compreensão da natureza relacional da existência humana. Para ele, o dialógico acontece na esfera do *entre* e é marcado por duas polaridades, o EU-TU e o EU-ISSO. Ambas são um reflexo das duas atitudes primárias que o ser humano pode assumir ao se relacionar com os outros e com o mundo em geral. A relação EU-TU é uma atitude de genuíno interesse na pessoa com quem estamos interagindo verdadeiramente como *pessoa*. Isso significa que valorizamos sua "alteridade". *Alteridade* significa o reconhecimento da singularidade e nítida separação do outro em relação a nós, *sem* que fique esquecida nossa relação e nossa humanidade comum subjacente. A pessoa é um fim em si mesma e não um meio para atingir um fim; e reconhecemos que somos uma parte dessa pessoa.

A relação EU-TU começa quando voltamos nosso "ser" para o de nosso parceiro. Podemos apenas nos preparar para a *possibilidade* do encontro EU-TU. Não podemos "forçar" sua ocorrência. "O TU me encontra pela graça e não é encontrado pela procura" (Buber, 1923/1958b, p. 11). É um momento de "graça", ao mesmo tempo em que é necessária a disponibilidade do outro para entrar em uma relação desta natureza comigo. O diálogo genuíno só pode ser mútuo. O momento EU-TU não pode ser mantido para sempre. Temos que aprender a aceitar "... o encanto de sua chegada e a nostalgia solene de sua partida..." (Buber, 1923/1958b, p. 33).

Em contraste, a relação EU-ISSO ocorre quando a outra pessoa é, essencialmente, um "objeto" para nós — utilizado, primariamente, como meio para um fim. Existem muitos mal-entendidos relacionados com a atitude EU-ISSO. A atitude EU-ISSO é um aspecto *necessário* na vida humana. Não é a existência da atitude EU-ISSO que está "errada", mas sim a predominância esmagadora com que se manifesta na moderna sociedade tecnocrática. Todo mundo, alguma vez, tenciona atingir certos propósitos. Até o encontro EU-TU precisa depois tornar-se um fato objetivo. "Mas essa é a grande melancolia de nosso destino, a de que cada *TU,* em nosso mundo, precisa tornar-se um *ISSO*" (Buber, 1923/1958b, p. 16). O problema só aparece quando a atitude tencionante domina nossa existência. O perigo é não conseguirmos reconhecer como é limitadora, no final, uma relação EU-ISSO, e seguirmos aplicando-a indiscriminadamente a situações que clamam por um *encontro genuíno* entre pessoas. A atitude EU-ISSO, torna-se então a orientação *primária* em relação aos outros. A ênfase excessiva no conhecimento técnico e no materialismo, no final do século XX, é o resultado direto da preponderância da atitude EU-ISSO. A consciência moderna está tão permeada por essa atitude que algumas vezes fica difícil retroceder e discernir claramente.

Os termos EU-TU e EU-ISSO indicam a natureza recíproca de nossa orientação relacional. Eles criam o contexto para a atitude com a qual os outros aproximam-se de nós. Uma abertura genuína para com os outros tende a evocar uma resposta recíproca. Se os outros sentem-se tratados como objetos por nós, provavelmente irão se aproximar com intenções. A atitude com que me aproximo do outro é, também, a atitude com que me aproximo de mim mesmo. Se valorizo o outro, isso reflete minha própria autovalorização. Se transformo o outro em objeto, também serei um objeto.

A vida humana consiste de *ambos* os relacionamentos, EU-TU e EU-ISSO. Toda troca humana tem essas duas dimensões, muitas vezes simultaneamente. Em última análise, entretanto, o diálogo genuíno somente pode emergir se duas pessoas estiverem disponíveis para ir além da atitude EU-ISSO e valorizarem, aceitarem e apreciarem verdadeiramente a *alteridade* da outra pessoa. Basicamente, isso requer a transcendência da nossa individualidade. Isso significa estar disponível para conhecer e entrar, como descreve Buber, na esfera do *entre*.

Por *"entre"*, Buber refere-se à esfera da qual todos participamos quando estamos envolvidos e verdadeiramente interessados em outra pessoa: transcendemos o senso de identidade que normalmente conhecemos. Ele, poeticamente, descreve isso como "do lado de lá do subjetivo, do lado de cá do objetivo, na vereda estreita onde EU e TU nos encontramos, aí fica o reino do *entre*" (1965a, p. 204). O *entre* não é um fenômeno físico-objetivo, nem tampouco psicológico-subjetivo; é um fenômeno ontológico. O ontológico refere-se aos aspectos fundamentais da nossa existência — os "dados"[6] da existência humana.

---

6. Yalom (1980) define sucintamente o ontológico: "E quero dizer com 'dados' da existência, que certos interesses fundamentais, certas propriedades intrínsecas são uma parte — e uma parte inescapável — da existência do ser humano no mundo."

Juntamente com as dimensões do EU-TU e EU-ISSO, o *entre* é um elemento constitutivo próprio da existência humana. É aquele reino indescritível, que é maior que a soma de duas ou mais identidades. É o ponto de contato além das nossas identidades individuais. Buber enfatiza que o caráter ontológico da existência requer: distância *e* relação[7]. O inter-humano é a esfera na qual estamos ao mesmo tempo separados e em relação. Somos tanto *uma-parte-de* outros seres humanos como estamos *apartados* deles[8]. A existência sadia é todo aquele fugaz equilíbrio rítmico entre separação *e* relação. Esse trabalho é um esforço de fundamentação. O seu valor final emergirá do diálogo que ele possa estabelecer com os leitores e do grau em que ele os encoraja a seguir além do que está sendo dito aqui. Esperamos que a voz que hesitantemente emerge neste livro, evoque a resposta de uma outra voz, para "...que tenhamos um diálogo"[9].

---

7. Buber, M., (1965b) pp. 61/62.
8. Bugental (1976), p. 101.
9. Linha do poema de Hölderlin citado por Buber (1967), p. 85.

2/

A Profissão Paradoxal

> "Mas onde e como irá o pobre infeliz
> obter as qualificações ideais
> indispensáveis em sua profissão?"
> (Sigmund Freud)[10]

Tarde da noite, no silêncio ressonante que resta quando os clientes se foram, o terapeuta, bem no fundo de si mesmo, sente-se perseguido pelos resíduos dos paradoxos do dia. Ele busca desesperadamente respostas definidas. Não encontra nenhuma, pois esses são os paradoxos inerentes à prática da psicoterapia. Eles existem, independentemente da orientação teórica do terapeuta.

O cerne desses paradoxos é que, em um único ser humano, deve ser cuidadosamente integrada uma série de características humanas aparentemente conflitantes. É da essência da prática psicoterapêutica evocar fortemente a tensão de polaridades opostas — muitas vezes de tal forma que se tem a impressão de que irão dilacerar a sensibilidade do terapeuta. Parecem intermináveis as exigências impostas ao

---

10. Freud, S. (1937/1964). "Analysis Terminable and Interminable". *In* J. Strachey (org.) *The Standard Edition*, Vol. 23. Londres:Hogarth Press.

terapeuta decorrentes das diferentes necessidades dos clientes. Talvez só após muitos anos de prática essas tensões sejam suportadas com menos dor — e ainda assim, elas não são *nunca* resolvidas. É uma profissão inegavelmente repleta de paradoxos. É da natureza do trabalho forçar seus profissionais a serem o campo de batalha vivo desses paradoxos.

O paradoxo primordial é a tensão sempre presente das dimensões "subjetiva" e "objetiva" na psicoterapia. O processo de cura em psicoterapia requer, até mesmo *exige,* um grande envolvimento pessoal da parte do terapeuta. Ao mesmo tempo, ele precisa manter a "objetividade" apropriada. Toda vida humana manifesta estas dimensões distintas; e as pessoas procuram uma terapia para sanar essas divisões em sua existência[11]. É crucial a resposta equilibrada do terapeuta.

Sem dúvida, há muito conhecimento científico a ser aprendido, a fim de desenvolver a disciplina e a "objetividade" necessárias, e de forma a facilitar a cura psicoterapêutica. Porém, o conhecimento objetivo precisa estar sempre fundamentado na experiência subjetiva do cliente e na do terapeuta[12]. Tradicionalmente, isso é conhecido como a tensão do conhecimento nomotético (generalizável) *versus* conhecimento ideográfico (único). O terapeuta precisa ter uma quantidade substancial de conhecimentos sobre os seres humanos em geral; porém, precisa sempre se esforçar para apreciar profundamente a experiência *única* da pessoa sentada à sua frente. *Ambos* os aspectos são essenciais para a empatia e compreensão das experiências de outro ser humano. Ainda assim, há entre eles uma forte disputa pela dominância. Constantemente o terapeuta precisa decidir sobre que aspecto atender em um dado momento. Em cada caso existem barganhas e riscos envolvidos. Ainda assim, é o jogo inerente aos riscos que dá força e vida a esse esforço.

Surge, então, para o terapeuta a necessidade de integrar as dimensões objetiva e subjetiva de forma harmoniosa. Graças a isso, o gênio pioneiro de Freud manifestou-se pela necessidade de uma "consciência planando em equilíbrio", isto é, uma consciência que não esteja sujeita aos extremos usualmente evocados no encontro

---

11. Terapeutas, às vezes, tornam-se terapeutas para curar a si mesmos.
12. Isto emerge claramente nos escritos de James F. T. Bugental.

humano. De uma forma similar, Buber sugere que o psicoterapeuta precisa desenvolver a habilidade, aparentemente contraditória, de manter uma *"presença-distanciada"*[13]. O terapeuta deve estar totalmente presente e, simultaneamente, ser capaz de refletir sobre o que está sendo experienciado num dado momento. O processo psicoterapêutico exige que ambas as dimensões da existência, a "subjetiva" e a "objetiva", sejam habilmente mescladas[14].

Isso conduz o terapeuta atento a outro dilema central: ele deve encarar a psicoterapia como ciência ou como arte? O enfoque que for mais enfatizado vai afetar de forma significativa o treinamento dos psicoterapeutas e os valores que surgem desse treinamento. Isso faz muita diferença na *atitude* com que o indivíduo aborda a profissão. Freud, por exemplo, e muitos dos seus seguidores, optaram pelo enfoque da psicanálise como ciência. "Não, nossa ciência não é uma ilusão. Mas seria ilusão supor que o que a ciência não pode nos dar, poderá ser encontrado em qualquer outro lugar" (Freud, 1961, p. 56)[15]. Existe, certamente, um corpo de conhecimentos dentro da psicologia e da teoria psicoterapêutica que é essencial no trabalho com pessoas. Porém, ser responsivo ao cliente impõe talhar "sob medida" o conhecimento científico e os fatos, para que sirvam a uma única pessoa. Este é, talvez, o aspecto mais exigente da profissão — ele requer que o terapeuta, simultaneamente, integre a arte à ciência da psicoterapia. A negligência de uma das duas resulta num "des-serviço"[*] ao cliente.

O terapeuta, além disso, confronta-se com problemas aparentemente contraditórios em relação aos aspectos pessoal e profissional. O self do terapeuta é intrinsecamente uma parte do processo. Em que grau o terapeuta enfatiza seu self pessoal em terapia e em que grau sua *persona* profissional é predominante? Onde começa o profissional e cessa o pessoal? A tentação maior, e à qual pode-se

---

13. Buber, M., 1956b, p. 171.
14. De forma bem mais branda, isso pode ser comparado com fazer malabarismos com bolas de boliche, mascar chiclete e saltar obstáculos, *tudo ao mesmo tempo,* enquanto se tenta parecer normal!
15. Para Freud, a "ciência" da psicanálise, especialmente sua teoria sexual, forneceu o substituto para a crença religiosa. Jung (1961, p. 150) acreditava que, para Freud, sua teoria sexual era, de fato, a expressão do numinoso, a raiz da experiência religiosa.
[*] "Des-serviço": grafia e aspas das tradutoras.

sucumbir mais facilmente, é enfatizar a conduta profissional de forma a encobrir as inseguranças em estado de ebulição, que podem armar uma cilada para a pessoa do terapeuta. Sem dúvida, a *persona* profissional é parte necessária do processo psicoterapêutico de cura — ainda assim é somente a "forma" através da qual a pessoa do terapeuta emerge.

A disciplina da psicoterapia coloca grandes exigências na *pessoa* do terapeuta. O terapeuta é constantemente confrontado com aquilo que não quer encarar. Sempre digo a meus alunos que a questão que eles estiverem querendo evitar em si mesmos, provavelmente será trazida pelo próximo cliente! Em última instância, não é possível a *evitação* em terapia. A pessoa do terapeuta está sendo incessantemente forçada a lutar com suas fragilidades e com seus pontos cegos.

É uma profissão paradoxal porque o terapeuta confronta as questões da vida de outras pessoas que talvez não estejam resolvidas em sua própria vida. Nos últimos anos, isso tem sido amplamente discutido sob a rubrica de "o curador ferido". Ou seja, é a natureza não resolvida de suas próprias dificuldades que sensibiliza o terapeuta para a vulnerabilidade do outro. Isso lhe permite empatizar profundamente com as dificuldades do cliente. Ainda assim, deve haver discernimento: se uma certa vulnerabilidade torna o terapeuta mais aberto, um excesso de "feridas" pode trazer à tona suas defesas e fechar as portas para a possibilidade de um encontro genuíno. Certamente que o "curador ferido" cura; porém, se o ferido torna-se "figura" na terapia, o foco pode vir a ser a cura do terapeuta e não a do cliente, o que nunca é o objetivo da terapia. Entretanto, é certo que pode ocorrer a cura do terapeuta como um subproduto da interação "entre". O terapeuta deve lutar incessantemente para trazer suas feridas para o espaço da terapia, sem que a cura de seu próprio self seja o foco. Na verdade, é esta luta que desenvolve o self do terapeuta.

É uma luta tão importante porque, basicamente, o self do terapeuta é o "instrumento" que será utilizado na terapia. O "instrumento" precisa ser mantido "afinado", para responder aos ritmos constantemente mutáveis do encontro humano. No processo de cura, a orientação teórica do terapeuta não é tão crucial quanto a inteireza e a disponibilidade do self do terapeuta. Só então pode haver o encontro de self com self. Nesse encontro engendra-se uma inteireza no cliente que estava ausente antes do encontro.

Existe também o contraste entre a experiência *individual* subjetiva do terapeuta e suas habilidades *relacionais*. O terapeuta precisa entender a experiência do cliente e, ao mesmo tempo, ser capaz de estar em contato com sua própria experiência. É uma tarefa extremamente difícil determinar que focalizar e quando fazê-lo. O terapeuta deve ser introvertido o suficiente para ter uma *"awareness"** altamente desenvolvida de si mesmo, bem como ser capaz de se relacionar facilmente com outras pessoas.

Juntamente com todos os outros dilemas enfrentados por um profissional, ele precisa estar cuidadosamente *aware* do que está acontecendo *entre* ele e o cliente. Isso envolve o reconhecimento de quanto cada pessoa está contribuindo para a coesão, ou para o desencontro na relação. Existe a necessidade do reconhecimento do *entre* como algo maior que a soma total das contribuições de cada pessoa. Isso envolve, por exemplo, estar *aware* das questões da transferência, considerando o perigo, sempre presente, de que o terapeuta possa "projetar" seus sentimentos contratransferenciais no cliente. Isso também é verdadeiro em relação ao reconhecimento da resistência na terapia. É uma tarefa complexa: determinar até que ponto o que está acontecendo no *entre* é resistência do cliente, ou do terapeuta.

Invariavelmente, defrontâmo-nos com o paradoxo de que o terapeuta precisa estar conscientemente *aware* do que está ocorrendo e, ainda assim, reconhecer que o consciente é sempre permeado pelo inconsciente. O terapeuta precisa estar freqüentemente naquela região de penumbra, nem totalmente em um, nem totalmente em outro. Ele está precariamente equilibrado entre a consciência e inconsciência. Ambos os domínios são uma parte essencial para o entendimento do encontro humano. Isso é sempre uma luta, pois o

---

* *"Awareness"* — palavra conservada no original por não ter correspondência exata em português. Significa, segundo Gary Yontef, "uma forma de experienciar. É o processo de estar em contato vigilante com o evento de maior importância no campo indivíduo/meio, com total suporte sensório-motor, emocional, cognitivo e energético". (Gary Yontef: "Gestalt Therapy: Clinical Phenomenology" in *Gestalt Journal*, Vol II, n. 1, pp. 27-45). Como Hycner é também filiado à Gestalt-terapia, é provável que tenha usado o termo neste sentido. *(Nota das tradutoras)*

terapeuta pode facilmente ser polarizado em uma ou em outra dimensão. O terapeuta excessivamente "consciente" falha em compartilhar o mundo subjacente que nos cerca e que está no limiar da consciência; ao passo que o terapeuta que vivencia demais seu processo inconsciente, pode conectar-se com o cliente naquele nível do inconsciente coletivo onde há a presença de arquétipos, mas não o encontro de pessoas.

Como "curador", são necessários grande disciplina e "ego" para atingir a competência; ainda assim, é preciso ter a *awareness* de que há momentos em que se é muito mais um "instrumento" a serviço do processo terapêutico e do desenvolvimento do cliente. É difícil equilibrar essas tendências opostas, quando elas emergem no processo. O "ego" e "estar a serviço de" entram em atrito. Parecem requerer duas atitudes diferentes em relação ao processo terapêutico e à vida como um todo. Junto com isso, o profissional deve reconhecer que pode representar aspectos da personalidade do cliente, que este não aceita como seus. Este é um aspecto que faz parte da dialética[16] e do diálogo do *entre*. Isto é, se o cliente é do tipo muito emocional, o terapeuta precisará incorporar o lado racional que ele rejeitou como seu. Se o cliente é excessivamente racional, o terapeuta precisa incorporar mais o lado emocional. Freqüentemente, é difícil discernir quanto de uma dimensão polar o terapeuta representa e até que ponto é *realmente* ele mesmo. De fato, é a luta para esclarecer essa dúvida que porá em relevo não somente o self do cliente e o self do terapeuta, mas também a relação terapêutica.

Trata-se de uma profissão paradoxal e eivada de perplexidades, porque o terapeuta deve ser capaz de desenvolver uma profunda empatia com o cliente: entrar no mundo dele e percebê-lo a partir da perspectiva dele. Apesar disso, o terapeuta é sempre desafiado profissionalmente a dar significado à experiência do cliente dentro do esquema racional da teoria. Há uma necessidade que nos é própria de tornar claro o dúbio, o ilógico — de criar formas dentro do caos. Essa motivação do terapeuta é essencial na condução da prática contínua da psicoterapia. Ela impulsiona a curiosidade profissional do terapeuta. Mas é principalmente o "sentimento de

---

16. Ver também o Cap. 5, "Psicoterapia dialógica: visão geral e definições" para a definição de *dialética*.

companheirismo" que dá força ao desejo do terapeuta de empatizar. Existe uma tensão constante em psicoterapia entre a teoria e a prática. Com freqüência parece que as duas estão em conflito. O paradoxo é que se o terapeuta for teórico demais, ele não conseguirá aplicar esse conhecimento. É necessário um tipo de *"mente"* para assimilar fatos, e outro tipo para assimilar a presença do ser humano[17]. Trata-se de uma habilidade muito especial — até mesmo um dom — estabelecer contato no limiar do relacionamento humano, expandir o próprio ser para receber a dádiva do outro, e encorajar, assim, o surgimento da vibração do cliente. Por outro lado, se o terapeuta preocupa-se demais com informações concretas, será privado da ampla profundidade que a teoria pode proporcionar[18]. Este é um problema com sérias conseqüências. Tem sérias implicações na qualidade do contato e na qualidade da relação que se estabelece. Há que se reconhecer que existem profundas diferenças entre o conhecimento teórico *sobre* um assunto e a aplicação desse conhecimento teórico numa situação concreta, bem como a necessidade de integrar um e outro.

Além disso, o terapeuta precisa ser prático e ainda assim gostar de filosofia. Precisa manter a capacidade de responder às situações concretas e, ao mesmo tempo, apreciar o grande drama humano. Essas questões surgem de forma especial quando o terapeuta precisa distinguir entre o que é comportamento "patológico" e o que é uma conseqüência dos "dados" existenciais. A oscilação da consciência exige uma flexibilidade tremenda — uma consciência "flutuante", em vez de uma consciência que se move de um ponto fixo a outro. Isso não se aprende na universidade. Deve chegar como o resultado dos muitos anos em que se foi golpeado pelos mais variados "chamados" das necessidades dos clientes.

Ocorre outro problema de complexidade ainda maior: o terapeuta deve ser versado na compreensão do funcionamento humano saudável, mas precisa também entender os fatos e as teorias que fundamentam a "psicopatologia". O terapeuta tem de ser capaz de re-

---

17. Maslow, A. (1969). "Interpersonal (I-THOU) knowledge as a paradigm for science".
18. O dilema dessas habilidades opostas é colocado irreverentemente pela expressão popular: "Os que podem fazem, os que não podem ensinam." [talvez os que *realmente* não podem, tornam-se terapeutas!]

conhecer e apreciar a saúde tanto quanto a "patologia", e a freqüente combinação contraditória das duas, que *é* o ser humano. É um fio tênue sobre o qual se caminha com incerteza — a difícil posição de discernir o que é saudável e o que não é. Por exemplo: quando a dependência do cliente é uma indicação da habilidade saudável de confiar em alguém, já que ele nunca foi capaz de fazê-lo? Quando essa dependência é uma regressão e uma evitação de sua própria responsabilidade individual? O terapeuta não deve cair na armadilha de meramente diagnosticar as pessoas como "patológicas", porque toda vez que faz *só* isso estará transformando o ser humano em objeto. Não há nada errado com a teoria da psicopatologia, contanto que ela seja entendida como uma espécie de "taquigrafia". Isto é, ela é um mero vetor, um indicador de como entender a experiência discrepante de uma pessoa. Entretanto, dizer que uma pessoa é só isso, já é um "des-serviço"; uma categorização que não permite a abertura para novas possibilidades, abertura essa que é a base de toda cura.

Esses são apenas alguns dos inúmeros paradoxos confrontados pelo terapeuta. Novos paradoxos surgem a cada passo na terapia. Meu propósito aqui não é catalogar todos eles, mas discutir alguns dos mais importantes. Como pode um ser humano lidar com tudo isso? O próprio Freud era pessimista quanto à possibilidade de um ser humano integrar de forma equilibrada as qualidades paradoxais exigidas de um terapeuta. Tal integração exigiria um ser perfeito!

> "Obviamente não podemos exigir que o futuro analista seja um ser perfeito antes de assumir a prática da análise; em outras palavras, que somente aquelas pessoas com tão alto e raro padrão de perfeição deveriam seguir esta profissão.
> Mas onde e como irá o pobre infeliz obter as qualificações ideais indispensáveis em sua profissão?" (1937/64, p. 248)

Esta é uma questão inquietante, com a qual cada terapeuta e cada supervisor de terapeutas vai se confrontar. A resposta de Freud para essa questão é bem definida: "A resposta está na análise de si mesmo, com a qual a preparação para a sua atividade futura começa" (1937/1964, p. 248).

A terapia para o terapeuta é certamente necessária, mas por si só é insuficiente. De forma alguma ela garante o desenvolvimento filosófico e pessoal e a maturidade requeridas para se empenhar em uma profissão de equilíbrio tão precário quanto a que chamamos de psicoterapia. Além disso, são necessárias uma atitude, uma visão de mundo, que reconhece as qualidades opostas exigidas do terapeuta e o esforço para integrá-las; isso, sabendo sempre que se está aquém do exigido e, ainda assim, aceitando-se os próprios limites. Em última análise, o terapeuta precisa aceitar a ambigüidade e a natureza sempre inacabada desse trabalho[19]. A psicoterapia não está imune às leis que governam todas as iniciativas humanas, particularmente a natureza contínua e inacabada da existência humana. O próprio Freud falou da terapia como sendo terminável e interminável, ao mesmo tempo.

No final, há mais perguntas que respostas, mais problemas que soluções, mais perplexidade que elucidação, mais preocupações mundanas do que *insights* profundos. Eis o destino do terapeuta: defender vigorosamente a luta do homem de forma a ampliar os limites da consciência humana. Esperemos que esta luta enriqueça a todos nós.

A CRISE DO PSICOTERAPEUTA[20]

O paradoxo que foi tratado com mais sensibilidade e maestria por Martin Buber é o que se refere ao núcleo da tensão entre objetivo e subjetivo. Na "introdução"[21] ao livro *Healing through Meeting,* de Hans Trüb, Buber trata dessa importante questão. Ele discute como o psicoterapeuta, pela natureza do seu regime de treinamento e pela

---

19. Harry Stack Sullivan, em um momento indubitavelmente sardônico, disse certa vez que a terapia chega ao fim mais pela exaustão mútua do terapeuta e cliente, do que pela clara realização de seus objetivos!

20. Uma versão anterior dessa sessão foi publicada em *Perspectives: The Journal of Dialogical Psychotherapy.* 1987, 1 (1), 1-8.

21. Essa Introdução foi mais tarde publicada separadamente como um capítulo intitulado "Healing through Meeting", em *Pointing the Way* de Buber. A permissão para fazer citações deste trabalho foi generosamente concedida por Rafael Buber.

disciplina obrigatória de seu método, pode desenvolver prontamente a objetividade, que é certamente um requisito para a prática da psicoterapia. Sem conhecer com exatidão a natureza do paradoxo, o psicoterapeuta começa a sentir os contornos de sua presença e sua força iminente. Aos poucos o terapeuta torna-se *aware* de que bem no centro do processo terapêutico há um paradoxo.

"A profissão em particular aqui em questão é a mais paradoxal de todas... Certamente o advogado, o professor, o padre — não menos o médico do corpo — cada um também sente, na medida em que a consciência genuína inspire vocação, o que significa estar envolvido com as necessidades e ansiedades do Homem. Não é simplesmente aquele que segue uma profissão "não-intelectual" com a satisfação de seus desejos, mas este homem aqui, o psicoterapeuta, cuja tarefa é ser o protetor e o curador de almas doentes, muitas e muitas vezes confronta o abismo desnudo do homem, a labilidade abismal do homem." (Buber, 1957a, pp. 93-94.)

Ao confrontar "o abismo desnudo do homem", nenhum ser humano pode olhar longamente para dentro dessa "fissura" sem se sentir esmagado. Metaforicamente, com certeza seus "joelhos existenciais" começam a tremer. Conseqüentemente, deseja fugir mais uma vez para a segurança que os conhecimentos objetivos sedutoramente prometem. A tentação em direção às certezas é bem compreensível. Mas isso é uma promessa *falsa*.

O psicoterapeuta está numa profissão "espiritual", mas sem as estruturas sociais que poderiam dar suporte emocional a um xamã ou a um líder religioso. A ele é dada uma responsabilidade semelhante à de Deus, sem o suporte que vem de um sistema de crenças religiosas. Suas falhas são as de um mero ser humano, faltando-lhe a inspiração que a crença religiosa pode dar a seus esforços para curar. "Além disso, o psicoterapeuta enfrenta a situação de forma diversa da do padre, fortalecido pelas dádivas sagradas da graça divina e do trabalho santificado; enfrenta-a simplesmente como pessoa, equipado apenas com a tradição da sua ciência e a teoria da sua escola." (Buber, 1957a, p. 94.)

Na falta da inspiração divina e de certezas e confrontado com uma terrível tarefa que parece transcender as habilidades de um simples mortal, o profissional pode ficar tentado a se refugiar no espectro oposto da segurança: a fé "religiosa" na ciência e na objetividade. "É bastante compreensível que lute para tornar objetivo o abismo que se aproxima dele e converta o avassalador 'nada-mais-que-processo' em algo que possa, em algum grau, ser manuseado." (Buber, 1957a, p. 94.) Nós tornamos o outro um "isso" para lidar melhor com a ansiedade que sentimos. O abismo no âmago da existência humana, especialmente presente nos assim chamados estados psicopatológicos, ameaça fazer surgir o abismo profundamente oculto no psicoterapeuta; oculto certamente pelos anos de treinamento formal obrigatório e pela segurança da orientação teórica escolhida. Porém, nada disso apaga o fato existencial de nossa própria fragilidade humana, da incerteza e do medo de que haja um caos habitando em nós: um caos que pode ser trazido à tona pela "fisgada" da força do estado patológico manifestado na pessoa diante de nós.

O abismo já é suficientemente ameaçador quando visto no outro: é apavorante quando começo a suspeitar que eu também tenho um abismo no âmago da minha existência. É necessário e correto defender-se desse terror. Eventualmente, é preciso confrontá-lo, talvez experimentando-o aos poucos — ou tanto quanto um ser humano possa perscrutar esse abismo e, ainda assim, voltar inteiro.

Neste ínterim, o psicoterapeuta é tentado a se refugiar numa espécie de racionalização reducionista desse abismo existencial, desse caos, ou "nada-mais-que-processo." Inicialmente, o terapeuta, em conseqüência de seu treinamento, tenta usar a única arma prontamente disponível — a objetivação que seus métodos e teorias lhe dão. O próprio conceito de "psicológico" pode muito facilmente tornar-se uma defesa reducionista contra as realidades da existência. Se uma experiência é ameaçadora demais, podemos sempre dar-lhe uma interpretação "psicológica". Mas para o terapeuta que valoriza genuinamente o cliente e a si próprio como pessoas, assim como a relação *entre,* nem mesmo essa defesa consegue afastar o chamado de uma realidade existencial maior e mais forte.

> "O abismo não atrai a segurança de ação em pleno funcionamento;
> ele chama por outro abismo: o self do médico, aquele self
> escondido por baixo de estruturas erguidas através do treino e

da prática e cercado pelo caos; esse self convive com os demônios, mas é agraciado pelo poder humilde de lutar e superar de novo. É pelo entendimento desse chamado que emerge, na mais exposta das profissões intelectuais, a crise de seu paradoxo." (Buber, 1957a, p. 95)

Entretanto, é só aos poucos e de relance, que ele pode pressentir, vagamente, que lhe é exigido algo bem maior que o conhecimento objetivo e distanciamento científico. Nenhum método pode ensinar ao terapeuta como ser uma pessoa capaz de incorporar as qualidades relacionais necessárias para que ocorra uma cura existencial genuína. Em conseqüência, o terapeuta está freqüentemente "condenado" por seu treinamento a tatear e lutar contra isso, na obscuridade em que vive como pessoa. Sente necessidade de deixar fluir seu self e ainda assim sente-se inseguro de fazê-lo de forma profissional. Esse estado confuso força-o a uma reflexão profunda do seguinte dilema:

"O Homem que segue uma 'profissão intelectual' deve parar de tempos em tempos no curso de sua atividade, à medida que se torna consciente do paradoxo que está perseguindo... Com o envolvimento de sua vida e o sofrimento pessoal, ele deve seguir em frente no sentido de esclarecer cada vez mais esse paradoxo. Assim, um destino espiritual, com a fertilidade que lhe é própria, começa a existir e a crescer — hesitante, tateante. Enquanto tateia no escuro, luta. Vagarosamente, conquista. Na conquista, sucumbe; sucumbindo, ilumina-se." (Buber, 1957a, p. 93)

A luta com o paradoxo é inicialmente confusa — ainda assim é essa luta constante que mais tarde poderá supri-lo com alguma fugaz iluminação.

A crise desse paradoxo profissional acontece porque os métodos psicológicos do terapeuta podem levá-lo somente até um certo ponto. É exigido dele algo mais. O terapeuta tenta lidar com seus casos da maneira usual:

"Até que, diante de certos casos, o terapeuta apavora-se com o que está fazendo, porque ele começa a suspeitar de que, pelo menos nesses casos, e talvez em todos os outros, *algo totalmente diferente é exigido dele...*

Essa é a exigência feita a ele: retirar o caso em questão da objetivação metodológica correta e sair do papel de superioridade profissional, conquistado e garantido pelo longo treinamento e longa prática; transformar isso na *situação elementar entre aquele que chama e aquele que é chamado."* (Buber, 1957a, pp. 94-95, grifos do autor.)

É o *entre* que precisa ser reconhecido. A objetivação não permite esse reconhecimento.Talvez resista-se à própria natureza elementar da situação. De alguma forma, parece simples demais "reduzir" a situação psicoterapêutica a estruturas tão elementares: "aquele que chama" e "aquele que é chamado". Porém, isso é apenas um eco que parece repercutir, primordialmente, através do universo — de que há uma *"chamado"* e uma *resposta*.

Talvez seja essa elementariedade, esse "primitivismo", ou até mesmo sua pureza original, que nos atemoriza e conseqüentemente sofre resistência. A elementariedade irrestrita do encontro humano exige que o terapeuta seja, *primeiro,* uma pessoa disponível para outro ser humano e, *segundo,* um profissional treinado nos métodos apropriados da prática psicoterapêutica. Mas esses métodos nunca devem impedir o terapeuta de confrontar o abismo que paira ameaçadoramente no limiar do encontro genuinamente humano.

Muito freqüentemente recuamos em face dessa ameaça. Constantemente agimos como se o encontro verdadeiro não fosse o "objetivo", ou que ele pudesse exigir muito mais do que temos para dar. É o risco da profissão. Quando somos solicitados *demais,* de tal forma que não podemos responder totalmente?

"O psicoterapeuta, justamente quando e porque é um médico, retornará da crise para seu método habitual; mas como uma pessoa modificada e em uma situação também modificada. Retorna como alguém a quem foi revelado, no abismo da existência humana, a necessidade do *encontro pessoal genuíno,* entre aquele que precisa de ajuda e o que ajuda. Ele retorna a uma metodologia modificada, apoiado nas experiências obtidas nesses encontros. O *inesperado —* que contradiz as teorias predominantes e exige *seu sempre-renovado envolvimento pessoal* — também encontra seu lugar." (Buber, 1957a, p. 95, grifos do autor.)

Mesmo após ser confrontado pelo paradoxo inerente à profissão, o terapeuta retornará, certamente, a seus métodos e conceituações costumeiros. Seja como for, ele estará mudado, abrandado pelos "ventos" da crise. Existirá agora uma *awareness* da necessidade do encontro humano genuíno no *centro* do processo de cura. Essa abertura para encontros genuínos significa sempre uma disponibilidade de encontrar o inesperado, o mistério existencial entre pessoas, deixando de lado a segurança dos próprios métodos e da teoria. Uma abordagem desse tipo muda a compreensão do terapeuta sobre a "cura". Uma cura "técnica" não é mais aceitável. Uma terapia que termina com o cliente obtendo um grande *insight* psicológico, mas incapaz de aplicá-lo no "mundo real" das pessoas, é uma terapia que fracassou. "Curou"[*], mas não restaurou a pessoa como um todo. Apenas alimentou o narcisismo psicológico.

"Para o psicoterapeuta que ultrapassou a crise do paradoxo de sua vocação, fica excluído esse tipo de cura. Na hora decisiva, junto com o paciente que lhe foi confiado e que nele confiou, ele abandonou o quarto fechado do tratamento psicológico no qual o analista domina através de sua superioridade sistemática e metodológica. Avançou com o cliente para céu aberto onde o *self está exposto ao self.* Lá, no quarto fechado, o terapeuta examinou e tratou a psique isolada, conforme o desejo do paciente auto-encasulado, conduzido para os mais profundos níveis de seu interior. Enquanto isso, em seu próprio mundo, aqui fora, na proximidade de um ser humano ao lado de outro, o encasulamento *deve* e *pode* ser transposto. Uma relação transformada e propiciadora de cura deve e pode se abrir para a pessoa que está doente em seu relacionamento com os outros — com o mundo do outro, o qual não pode deixar penetrar em sua alma. *Uma alma nunca está doente sozinha, mas sempre no*

---

[*] Aspas das tradutoras.

'entre', uma situação entre ela e outro ser existente. O psicoterapeuta que ultrapassou a crise pode agora ousar tocar nisso." (Buber, 1957a, pp. 96-97, grifos do autor.)

O encasulamento é a experiência endêmica de nossa época. Só pode ser tratado pelo terapeuta que também quebrou seu próprio encasulamento e reconhece a primazia do *"entre"*. Devemos sempre reconhecer nossa relação e essa responsabilidade para com os outros. O *insight* é apenas o prelúdio da terapia. Os "resultados" da terapia manifestam-se quando retornamos à ordem humana — quando a ação toma o lugar do pensamento, quando o diálogo toma o lugar da fala.

Após uma crise dessas, há um desnudamento do encontro humano, que não é apenas permitido, mas é até procurado — "onde o self está exposto ao self". O psicoterapeuta não fica mais "dentro" de si mesmo, mas de preferência, pelo menos em momentos de "graça", ele fica no *"entre"*, na esfera além do encasulamento... "onde não há a segurança do conhecimento expresso, mas a certeza do encontro que permanece não revelado" (Buber,1965a, p. 184). Esta é a vereda estreita por onde o terapeuta deve caminhar. Em cada lado, está o abismo. À frente, está o "encontro".

As palavras de Buber sobre Hans Trüb e seu livro póstumo (inacabado) *Healing through Meeting*[22] podem muito bem ser relevantes para todos os terapeutas, mas o são de forma especial para um terapeuta de orientação dialógica.

> "Este caminho de dúvida apavorante, de reflexão sem medo, de envolvimento pessoal, de rejeição da segurança, de entrar sem reservas na relação, de romper com o psicologismo, foi esse o caminho da aguda percepção e de risco que Hans Trüb trilhou. Após repetidas lutas para expressar conceitos pouco conhecidos, prosseguiu em suas descobertas, sempre com mais amadurecimento e sempre mais adequadamente, até atingir a expressão mais madura e apropriada em seu trabalho, que não pôde terminar.

---

22. A relação de Trüb com Buber e seu pensamento serão discutidos no cap. 5 e novamente mencionados, de forma sucinta, no cap. 7.

Seu caminhar não pode mais ir adiante, mas o caminho está aberto. Certamente não vão faltar outros Homens como ele — despertos e audazes, arriscando a parte prática da vocação; não se poupando e não se impedindo — arriscando-se. Homens que encontrarão seu caminho e o levarão à frente." (1957a, p. 96)

A pergunta que persiste é: "Será que estamos prosseguindo nesse caminho?"

3/

Por que uma Psicoterapia Dialógica: uma Odisséia Pessoal

> "A esfera em que o Homem encontra o Homem
> tem sido ignorada porque não possui uma
> continuidade uniforme"
> (Maurice Friedman)[23]

Durante a maior parte da minha carreira como psicoterapeuta e também como professor e treinador de psicoterapeutas, tenho experienciado um inquietante dilema profissional e pessoal. Embora conhecendo muitas teorias, não conseguia me sentir "em casa" com nenhuma das abordagens terapêuticas com as quais tinha familiaridade. Parecia estar faltando algo essencial. Somente bem mais tarde deime conta de que esse componente essencial era o papel do diálogo na vida humana. Também me parecia que muitas das teorias deixavam de enfocar a *"riqueza inesgotável"* do encontro terapêutico. Além

---

23. Friedman, M. S., em Buber, *The Knowledge of Man* (1965b, p. 17). Esta é uma paráfrase maravilhosa e sucinta da fundamentação de Buber em *Between Man and Man* (1965a, p. 203): *"Entre* não é um constructo auxiliar, mas o verdadeiro lugar que serve de suporte para o que acontece entre os homens; o 'entre' não tem recebido atenção específica, porque, distintamente da alma individual e seu contexto, não exibe uma continuidade uniforme, mas é sempre e novamente reconstituído de acordo com os encontros humanos entre si".

disso, não encontrei nenhuma teoria que conseguisse tratar de forma integrada o que estava acontecendo "dentro" (o intrapsíquico), "entre" (o interpessoal) e "além" (o transpessoal), na relação terapeuta-cliente.

Eu estava particularmente intrigado com o *"entre"*, a relação entre terapeuta e cliente, bem como com a relação entre o cliente e as outras pessoas importantes em sua vida. A experiência me demonstrava, repetidamente, que o relacional era realmente a base sólida para a cura e o ponto fundamental para o que ocorre "dentro" do cliente e "além" da interação concreta. O fascínio por esse aspecto, assim como a *awareness* de uma dimensão ausente em muitas teorias, levaram-me a investigar a possibilidade da "psicoterapia dialógica".

Quero mencionar, brevemente, algumas teorias que influenciaram e ainda influenciam o meu pensamento. Também quero discutir como, para mim (e talvez para outros), muitas vezes faltava algum aspecto crucial em cada uma delas. Isso não é, de modo algum, enveredar por uma exploração exaustiva dessas teorias, mas antes fazer o relato de uma série de experiências pessoais com elas.

Nos primeiros anos de minha graduação, fui fortemente influenciado pelos escritos de Martin Buber. Sua discussão sobre a relação EU-TU tocou minha alma. Até hoje não posso ler seus escritos sem ficar emocionado. Havia uma profundidade e uma pungência em sua descrição da experiência humana que não existia em qualquer outro. Em comparação, meus cursos de psicologia pareciam pouco férteis. Em nenhum outro lugar, a natureza inter-humana de nossa existência foi esclarecida de forma mais bela do que em suas obras. Levei um longo tempo para entender que, quando ele falava da esfera inter-humana, estava se referindo a algo muito maior do que o que chamamos de psicológico.

"Nesta ordem de idéias, é basicamente errado tentar entender os fenômenos inter-humanos como psicológicos. Quando dois homens conversam, o psicológico é certamente uma parte importante da situação, à medida que um escuta e o outro se prepara para falar. Ainda assim, isso é apenas o componente encoberto da conversação propriamente dita, um evento fonético carregado de significados. O significado não há de ser encontrado em qualquer dos dois parceiros, nem nos dois juntos, mas somente no próprio diálogo, nesse 'entre' que é vivido conjuntamente por eles." (Buber, 1965b, p.75)

Encaminhei-me para um programa de graduação em mestrado, que era, basicamente, de orientação existencial-fenomenológica. Fui atraído por esse enfoque, porque senti que a abordagem se aproximava da descrição do misterioso *"entre"* que eu experienciava em interações pessoais. Porém, muito do pensamento existencial e fenomenológico era orientado exclusivamente para a subjetividade do *indivíduo* ou, quando o fenomenológico era enfatizado, o indivíduo parecia se tornar uma abstração.

Ao ler vários dos psicoterapeutas existencialistas europeus, fiquei perplexo com a linguagem obscura, vaga e esotérica, bem como a natureza predominantemente cognitiva de seus trabalhos. A forma de escrever parecia contradizer o que suas teorias se propunham a tratar. Havia um esoterismo impedindo que as preocupações dos seres humanos de carne e osso fossem tratadas concretamente. Somente mais tarde tomei conhecimento dos trabalhos de terapeutas mais concretos, tais como Rollo May, James F. T. Bugental e, bem depois, da obra de Irvin Yalom.

Senti ainda outra dificuldade com a abordagem existencial: ela era mais uma teoria filosófica do que um sistema psicoterapêutico — embora houvesse exceções. Freqüentemente não se encontrava uma *concretude* na orientação filosófica, que precisava ser complementada pelo conhecimento aplicado do processo de tratamento. Yalom expressou uma preocupação semelhante:

"...filósofos existenciais profissionais ultrapassam até os teóricos psicanalistas no uso de uma linguagem obscura e enrolada... Nunca entendi a razão dessa linguagem impenetrável e com a aparência de profunda. Os próprios conceitos existenciais básicos não são complexos e não precisam ser decodificados e meticulosamente analisados. Muito mais do que isso, eles precisam ser revelados." (Yalom, 1980, p.16)

Durante meu programa de mestrado, entrei em contato com o pensamento de Maurice Merleau-Ponty. Sua filosofia tem grande profundidade e riqueza de descrição. Ele foi um fenomenologista-existencial no mais verdadeiro sentido. Embora fortemente impregnada pela descrição fenomenológica, sua filosofia reconhecia a dimensão central da experiência intersubjetiva. De fato, ele falou da nossa existência como o *estar-no-mundo-com-outros*. Não se pode isolar o individual do contexto intersubjetivo. Intuitivamente, vibrei com seus últimos trabalhos, especialmente com *The Visible and the Invisible*. Algumas vezes, entretanto, esse trabalho enfocava tanto as estruturas ontológicas da existência, que parecia estar faltando sua dimensão concreta. A ênfase existencial no intersubjetivo ficava diluída. Considerando-se, porém, que este foi um trabalho póstumo, Merleau-Ponty poderia ter ampliado o estudo dessa questão, se sua vida não tivesse sido interrompida prematuramente. É profunda em suas implicações, entretanto, a sugestão de Merleau-Ponty quanto à possibilidade de uma psicanálise ontológica[24]. Sua proposta era que precisávamos aproveitar o que havia de melhor no pensamento psicanalítico, mas colocando-o dentro de um contexto ontológico e intersubjetivo. Essa idéia era tão sugestiva quanto enigmática.

No início de minha carreira, trabalhava como psicoterapeuta em uma clínica de orientação psicanalítica. Lá experienciei em primeira mão as deficiências do modelo intrapsíquico e médico da pessoa. Esse modelo não proporcionava uma visão *inter-humana* da sintomatologia, nem se detinha no encontro terapêutico. O encontro era um "acessório" ao invés de ser o foco. Assim, percebi que a abordagem psicanalítica tradicional enfatizava demais o mundo intrapsíquico do cliente e, muitas vezes, parecia fazer interpretações pejorativas. O intrapsíquico tornava-se uma figura fortíssima e parecia que a *humanidade* do cliente se perdia. Ao mesmo tempo, a ênfase na qualidade de "tela em branco" do analista parecia obscurecer sua humanidade, de tal forma que a interação entre analista e analisado delineava-se bastante formal e artificial. Em conseqüência disso, a interação era desequilibrada em função da superioridade assumida do analista, decorrente de seu conhecimento do mundo intrapsíquico do analisado.

Por um longo tempo, fui muito influenciado (ainda que

---

24. 1968, p. 270.

indiretamente) pela abordagem terapêutica rogeriana. Sofri essa influência, primeiro, na fase do centrado-no-cliente e, mais tarde, em sua ênfase no centrado-na-pessoa. Lembro de meu sentimento ao ler *Tornar-se Pessoa*: ali estava um psicólogo falando verdadeiramente sobre pessoas e experiências pessoais em vez de falar sobre teorias objetivas. Senti, finalmente, que nessa abordagem a pessoa do cliente era respeitada e que o terapeuta talvez também pudesse ser uma pessoa.

Minha orientação era basicamente existencial. Ainda assim, a abordagem centrada-no-cliente proporcionou-me uma modalidade de tratamento específica, que às vezes era extremamente útil na compreensão da experiência do cliente e no estabelecimento da confiança que precedia o momento em que se firmava a relação entre terapeuta e cliente. Surgia, entretanto, um problema: havia tanta ênfase na experiência "subjetiva" do cliente e na experiência separada do terapeuta que o *"entre"* era mais uma vez menosprezado. Por vezes, o dialógico se assemelhava a um segundo momento de dois eus separados se unindo, em vez de ser uma forma ampla e global de compreender a existência humana.

A Gestalt-terapia tem sido uma grande influência no meu trabalho. Nela havia um foco no concreto, "técnicas" específicas e até mesmo alguma ênfase na interação entre terapeuta e cliente. Embora já conhecesse os escritos de Frederick Perls, sentia que seu trabalho era *excessivamente* orientado para a técnica, baseado no monólogo e manipulativo, tanto que se perdia a pessoa do cliente.

Sofri principalmente a influência da abordagem de Erving e Miriam Polster. Trabalhando com eles, senti que havia um grande respeito pela singularidade do cliente, assim como pela do terapeuta. Havia também uma abertura ampla quanto à extensão do que poderia ser lidado na situação terapêutica, embora existisse grande especificidade e concretude. Também havia ênfase no fluxo interacional entre terapeuta e cliente. Considerei essa abordagem a mais útil, na prática, de todas as teorias com as quais tive contato.

Aprendi com Erving e Miriam Polster que terapia é, basicamente, uma *abordagem* e não uma técnica. Constantemente impressiono-me com a habilidade de ambos para encontrar o núcleo positivo da pessoa e ajudá-la a apreciar suas potencialidades. A maneira de ser como pessoas, a humanidade e a criatividade desses dois grandes terapeutas continuam a me influenciar.

Mesmo na Gestalt-terapia, entretanto, não ocorreu uma mudança radical na *teoria,* no sentido de valorizar o dialógico no desenvolvimento da pessoa e no processo psicoterapêutico. De um certo modo, esta era uma Gestalt-terapia centrada-na-pessoa[25]. Eu seguia acreditando que, tanto na teoria como na prática, precisava ser posta ênfase maior no *"entre"* e que isso exigia um *repensar radical* tanto de uma quanto da outra.

Enquanto era ainda estudante, freqüentemente tinha grande dificuldade para ler o trabalho de Buber. A primeira vez que tentei ler *EU e TU* não entendi nada! Somente após a leitura de comentários sobre Buber, especialmente aqueles de Maurice Friedman, foi que comecei a entender o que Buber estava dizendo. Para minha surpresa, quando iniciei meu programa de doutorado, o próprio Maurice Friedman estava lecionando um curso sobre a filosofia do diálogo de Buber! Foi sob sua tutela que pude perceber que havia uma terceira alternativa para o objetivismo e o subjetivismo da psicologia moderna — a esfera do *"entre".*

Levei mais dez anos para compreender plenamente a possibilidade de integrar a filosofia do diálogo com a prática da psicoterapia. Na maior parte desse período, parecia existir uma dicotomia entre a filosofia e a aplicação prática. Intuitivamente, sabia que isso não era verdade, mas não consegui, por muitos anos, superar essa divisão.

No meu programa de doutorado, estive em contato com muitas abordagens teóricas diferentes. Encontrei méritos na "caminhada do self" e na ênfase "espiritual" da teoria junguiana; na maneira positiva como o indivíduo era visto e, até mesmo, como a "patologia" pode ter um valor positivo. Parecia estar ocorrendo uma verdadeira correção da abordagem freudiana tradicional. Também valorizei a ênfase no inconsciente coletivo, que apontava para uma base transpessoal importante da existência humana. Entretanto, com freqüência, parecia ser tão grande a ênfase no desenvolvimento do "self" que, mais uma vez, a interação dialógica entre pessoas *reais* ficava esquecida. Por vezes, parecia que a ênfase era maior nos símbolos do

---

25. Ver também Hycner, R. H., "An interview with Erving and Miriam Polster: The dialogic dimension in Gestalt Therapy." *The Gestalt Journal,* 10 (2), 1987.

que nas pessoas. Parecia existir um perigo muito grande de um solipsismo psicológico nesse tipo de abordagem. E isso aconteceu apesar das recomendações periódicas de Jung a seus seguidores relembrando a importância da relação terapêutica. "A análise é um diálogo que exige dois parceiros"[26] (Jung, 1961, p. 131). Infelizmente, os seguidores de Jung nem sempre seguiram sua regra. O que pode ter inspirado a afirmação apócrifa atribuída a Jung: "Graças a Deus, não sou um junguiano!" Sem dúvida, todo grande terapeuta desejou dizer o mesmo de seus seguidores.

Estive também em contato com várias teorias comportamentais. Sentia que uma abordagem comportamental para a psicoterapia era muito mecanicista e tecnológica. Parecia que a pessoa do terapeuta e a pessoa do cliente estavam completamente ausentes. Tenho certeza que isso não é verdade em um sentido absoluto. Entretanto, esse aspecto era sublinhado na teoria e na prática, e, dada a ênfase generalizada na tecnologia dentro da nossa cultura, considerei-a um tanto perigosa. Ao longo dos anos, porém, tenho utilizado a abordagem comportamental em algumas ocasiões isoladas. Dentro do contexto mais amplo de uma abordagem dialógica, descobri que ela pode ser útil na mudança de pequenas unidades de comportamento, ou no trabalho com alguns tipos de indivíduos, aqueles que respondem melhor à praticidade desse tipo de abordagem. Entretanto, ao tomar uma técnica e torná-la um sistema de terapia, deixamos de fazer justiça à riqueza das interações humanas. Quando terapeutas e/ou clientes cometem o engano de tomar uma técnica terapêutica por uma filosofia de vida, isso contribui para a patologia da nossa cultura de

---

26. Friedman (1985a) dá uma interpretação interessante à teoria de Jung, que parece contradizer esta afirmação direta: "Ainda há um toque de psicologismo aqui, para ser exato, pois Jung define a pessoa como um 'sistema psíquico que, quando afeta outra pessoa, entra numa reação recíproca com outro sistema psíquico'" (p. 22). Mais adiante, Friedman afirma: "A despeito da ênfase de Jung no *rapport* e na confiança mútua, sua visão final do relacionamento terapeuta-cliente é de dois processos psíquicos individuais, nos quais cada um se apóia na interação com o outro, mas necessariamente, considera o outro como uma função do seu próprio vir a ser." (p. 22) Isso parece se apoiar na afirmação feita por Jung, aos 83 anos, no "Prólogo" de sua autobiografia: "No final de tudo, os únicos acontecimentos em minha vida que valem a pena ser contados são aqueles do momento em que o mundo imperecível irrompeu neste mundo transitório. Esta é a razão pela qual falo principalmente de experiências internas, entre as quais incluo meus sonhos e visões... Todas as outras lembranças de viagens, pessoas e de tudo o que me cerca ficaram atenuadas ao lado dessas experiências interiores." (1961, pp. 4-5)

superenfatizar os aspectos mecanicistas da existência. Como tantas outras abordagens, a comportamental é um enfoque útil, mas dentro de limites. Ultrapassar esses limites é um desserviço ao indivíduo e à sociedade.

A terapia comportamental-cognitiva, ao introduzir os processos de pensamento do cliente, parece dar um passo além da terapia comportamental mais tradicional e mecanicista. Finalmente foi reconhecido dentro da tradição comportamental, que a maneira como as pessoas pensam sobre si mesmas e suas circunstâncias afeta significativamente a vida e, de forma especial, o comportamento. O problema é que isso pode facilmente conduzir, em um primeiro momento, a uma ênfase excessiva no individual em detrimento do relacional ou da interação e, posteriormente, a uma desenfatização dos demais aspectos não-cognitivos da existência da pessoa.

O movimento da psicologia transpessoal forneceu-me um contexto para a compreensão daquelas dimensões da experiência que transcendem o "normal". Muito do trabalho escrito nessa área trata da dimensão espiritual da vida e da psicoterapia, uma relação que freqüentemente só é citada na psicoterapia existencial. Por vezes, achava que alguns dos trabalhos escritos nessa área (certamente não todos) dão *tanta* importância à dimensão espiritual que, freqüentemente, passam por cima dos aspectos mais concretos e interpessoais e/ou intrapsíquicos que fazem parte da nossa existência. Pensava que existia uma ênfase excessiva na psicologia oriental, quase como para compensar a postura unilateral da psicologia ocidental. Entendo que a abordagem dialógica exige que voltemos nossa atenção para ambas as psicologias (oriental e ocidental) com igual valorização e interesse.

Ultimamente, considero a escola das relações-objetais de grande ajuda na compreensão da dialética "dentro" do indivíduo. Lida bem com a história intrapsíquica e a dinâmica dos indivíduos. De fato, dentro de uma estrutura psicodinâmica, ela pavimenta as bases para uma psicoterapia dialógica[27], pela ênfase na "busca do objeto" do indivíduo, isto é, a tendência inata da pessoa de procurar a relação com os outros.

Relacionada com a escola das relações objetais encontramos a abordagem da psicologia do self, fundada por Kohut (1971-77). A

---

27. Friedman (1985a, p. 95).

ênfase de Kohut na orientação empática do terapeuta deu apoio a essa abordagem no enfoque da experiência subjetiva do cliente. Robert Stolorow, em colaboração com Atwood e Brandchaft, Lachmann e Ulman levaram a ênfase da compreensão empática do analista até a porta de entrada do dialógico. Seu trabalho se deteve, de forma consistente, na dimensão intersubjetiva na psicoterapia.

"Sob a perspectiva da fenomenologia psicanalítica, fenômenos clínicos — tais como a transferência e a contratransferência, as reações terapêuticas negativas, a psicopatologia em geral e a ação terapêutica da psicanálise — não podem ser entendidos separadamente dos contextos intersubjetivos no qual se formam. Paciente e analista, juntos, constituem um sistema psicológico indissolúvel, e esse sistema é o campo empírico da investigação psicanalítica." (Atwood & Stolorow, 1984, p. 64)

Apesar disso, essa teoria ainda é orientada alternativamente para a subjetividade do paciente ou para a subjetividade do analista. Neste aspecto ela não conseguiu desenvolver uma filosofia abrangente para a compreensão do contexto inter-humano dessas "subjetividades".

Revendo o caminho que trilhei — e talvez outros tenham seguido um caminho parecido — sou levado a pensar que uma abordagem dialógica pode estar fundamentada em sua própria base filosófica e, ainda assim, estabelecer um diálogo genuíno com outros sistemas de terapia. Isso, respeitando seus limites óbvios e integrando aquilo que é mais valioso nelas dentro de contextos muito diferentes. Talvez, uma psicoterapia dialógica possa promover outro meio para a compreensão da riqueza da natureza relacional do ser humano.

PARTE II

TEORIA

"A realidade decisiva é o terapeuta
e não os métodos.
Sem métodos, se é um diletante.
Sou a favor dos métodos,
mas apenas para usá-los,
não para acreditar neles."

(Martin Buber)[28]

---

28. Buber (1967), p. 164.

4/

Em Direção a uma Psicoterapia Dialógica

> "Este encontro dialógico é ao mesmo tempo o ponto de partida e objetivo do nosso trabalho terapêutico."
>
> (Hans Trüb)[29]

Este capítulo descreve alguns dos temas principais que surgem a partir de uma abordagem dialógica na psicoterapia. Ele se fundamenta na compreensão do *"entre"* e das relações *"EU-TU"* e *"EU-ISSO"*, discutidos no primeiro capítulo. Além disso, explora alguns aspectos do que significa considerar a psicoterapia como basicamente dialógica em sua *abordagem, processo e objetivo*. De acordo com a afirmação sucinta de Friedman (1985a), "a cura através do encontro significa o desvelamento concreto na terapia da 'ontologia do entre'" (p. 152).

Antes de tudo, em uma abordagem dialógica genuína o terapeuta

---

29. Trüb, H. (1952/1964), p. 501.

é visto como "alguém que está a serviço do dialógico". Isso significa, no seu sentido mais profundo, que a individualidade do terapeuta rende-se (pelo menos momentaneamente) ao serviço do *"entre"*. Isso pode parecer desconcertante para aqueles terapeutas que vêem sua tarefa primordialmente como uma ajuda para que o cliente se diferencie e se individualize. Predomina aqui a suposição de que a melhor forma de ensinar-lhe é ter um terapeuta que modele essa "individualidade". A partir de uma perspectiva dialógica, é insuficiente! Nessa perspectiva, a verdadeira singularidade surge da relação genuína com os outros e com o mundo. A individualidade é apenas *um* dos pólos em uma alternância rítmica global entre separação e relação, e ambas ocorrem *dentro* da esfera do *"entre"*.

Conseqüentemente, em uma psicoterapia de abordagem dialógica, o terapeuta caminha sempre por uma "vereda estreita". Buber usou essa expressão para descrever sua filosofia de responder a um momento único, em vez de adotar um sistema filosófico que fornecesse respostas abstratas *sem relação* com a realidade única presente. Isso também aplica-se ao trabalho do psicoterapeuta. O terapeuta não "...descansa no planalto amplo de um sistema que inclui uma série de pressupostos acerca do absoluto, mas caminha sobre uma vereda estreita e pedregosa que permeia os abismos, onde não há segurança do conhecimento expresso, mas a certeza do *encontro que se mantém não revelado"* (Buber, 1965a, p. 184, grifos do autor). Isso não significa que o terapeuta esqueça completamente todo o conhecimento adquirido no treinamento, mas trata-se de um conhecimento temperado pela percepção da pessoa como um todo e do que essa pessoa única precisa em determinado momento. Durante toda a terapia, há uma *dialética* entre enfatizar a objetividade e a subjetividade. Mesmo aqui, ela se desenrola no *"entre"*.

"Caminhar por uma vereda estreita" significa que o terapeuta não tem garantia de segurança. As suposições teóricas são somente a *"entrée"**, mas não constituem um substituto *para o encontro*. Segundo Buber, "Embora nenhum médico possa prescindir de uma tipologia, ele sabe que em algum momento a pessoa incomparável do paciente irá se defrontar com a pessoa incomparável do médico;

---

* "Entrée": em francês no original. Significa a entrada, ou primeiro prato de uma refeição. *(Nota das tradutoras).*

tanto quanto possível, ele põe de lado sua tipologia e aceita esse algo imprevisível que acontece entre terapeuta e paciente" (1967, p.164).

Certamente, é um desafio para o terapeuta: como utilizar a segurança da teoria e ainda assim não utilizá-la como uma defesa indiscriminada contra o desconhecido? Como responder à singularidade e ainda assim apreciar nossa base comum de humanidade? O terapeuta, ao estabelecer um diálogo com toda a amplitude das possibilidades humanas, engaja-se em uma tarefa verdadeiramente paradoxal — uma tarefa na qual a segurança é restrita e há somente a certeza do encontro com o desconhecido, o único, o "nunca-antes-experienciado".

No cerne da abordagem dialógica é predominante a preocupação com a natureza rica e variada da pessoa como um todo. Não há meramente a focalização de um único aspecto, seja ele a dimensão intrapsíquica, a interpessoal ou a transpessoal (Wilber, 1984). É certo que em estágios diferentes da terapia ou em qualquer momento de uma determinada sessão, um ou outro aspecto precisa ser enfatizado. No todo, entretanto, o terapeuta dialógico procura ver o contexto *inteiro*[30] assim como a dialética entre essas dimensões centrais da existência.

Dado o forte *zeitgeist*[*] analítico da sociedade moderna, o terapeuta é fortemente tentado a analisar a experiência do cliente sob a forma de "causas" psicológicas, diagnosticando-o e tratando-o a partir daí. Na terapia existe sempre a necessidade de ajudar o cliente a remover as "máscaras" que o impedem de manter contato genuíno com os outros e com as necessidades humanas mais profundas.

No entanto, retirar as máscaras pode facilmente tornar-se o foco principal. Em conseqüência, o terapeuta perde a visão da pessoa como um todo. Esse é um risco natural da profissão. Erving Polster (1979) observou de forma sucinta: "É muito difícil resistir à 'função de detetive' em terapia". A ênfase excessiva nesta atitude conduz ao que Buber (1957b) chama "o erro de ver através e desmascarar". Para ele, "a essência do erro se dá quando um elemento na existência física e espiritual do homem, que inicialmente não era notado, ou o era pouco, passa a ser agora descoberto, ou esclarecido e a ser

---

30. Não é por acaso, certamente, que Ivan Boszormenyi-Nagi e Barbara Krasner chamaram sua abordagem de "terapia contextual".

[*] "Zeitgeist": em alemão no original. Significa tendência, inclinação, viés. *(Nota das tradutoras)*

identificado com a estrutura total do homem, ao invés de ser inserido nessa estrutura" (p. 226).

Talvez com demasiada freqüência deixamos de nos perguntar qual é o contexto da existência da pessoa que faz com que, em determinado momento, uma motivação ou comportamento prevaleça sobre os demais. Para Buber, "a questão central deve ser: o que existe entre esse elemento e o outro; em que medida e de que modo isso pode delimitá-los e ser delimitado por eles" (1957b, p. 226). Sob esse ponto de vista, nenhum aspecto é visto como absoluto. Cada comportamento "precisa" ser compreendido e desesperadamente "pede" por isso, dentro do contexto maior da existência da pessoa. Desmascarar o motivo que está por trás de cada comportamento isolado torna-se um exercício estéril. Buber afirma de forma muito bonita: "O homem não é para ser visto 'através', mas para ser percebido de forma cada vez mais completa no seu mostrar-se e no seu esconder-se *e na relação dos dois entre si*" (1957b, p. 227, grifos do autor).

Nessa perspectiva, a "patologia" é vista como um distúrbio da existência *inteira* e como uma "declaração" do que precisa ser atendido para que a existência dessa pessoa se torne mais integrada. "Desmascarar" as causas e os motivos psicológicos subjacentes não é o foco principal. É mais importante considerá-los em relação àquilo que, na existência humana precisa permanecer "escondido", pois é profundo, misterioso e talvez vulnerável demais para ser exposto diretamente à luz da consciência. Não ser direto pode, algumas vezes, constituir-se em uma atitude de compaixão. A condição humana deve ser, ao mesmo tempo, revelada e "escondida" (Friedman, 1974). A "patologia" ocorre quando as duas dimensões estão significativamente desequilibradas entre si.

Buber assinala em seus trabalhos que o psicoterapeuta, assim como o educador e os pais, precisa praticar o que ele chama de "inclusão". Está se referindo a "...um impulso audacioso — que exige uma mobilização muito intensa do próprio ser — para dentro da vida do outro" (1965b, p. 81)[31]. O terapeuta precisa lutar

---

31. Buber praticava, obviamente, a "inclusão" em seus encontros pessoais. Hans Trüb, após encontrar-se com Buber, descreveu-o: "...Como que deixando um tom suave soar e expandir-se em si mesmo, escutando o eco que vem do outro lado" (Trüb, 1935/1985, p. 32).

vigorosamente para experienciar o que o cliente está experienciando. Nas melhores condições, é apenas uma experiência momentânea, pois não é possível manter indefinidamente a postura inclusiva. Ao mesmo tempo, o terapeuta precisa também manter-se centrado em si mesmo. A inclusão é um movimento de ir e vir: estar centrado na própria existência e ainda assim ser capaz de passar para o "outro lado". Em relação ao terapeuta, Buber diz: "Você pode ver, sentir e experienciar colocando-se nos dois lados. Do seu próprio lado, vendo, observando, conhecendo, e ajudando o outro — do seu próprio lado e também do lado dele. Eu me aventuraria a dizer que você pode experienciar com muita força o lado dele da situação" (1965b, p. 171).

A experiência que Buber descreve não é a mesma usualmente chamada de empatia (Friedman, 1985a). Para ele, empatia é um *sentimento* — um sentimento que reside "dentro" do indivíduo. Inclusão, em vez disso, significa voltar a existência *inteira* para o outro, e é uma tentativa intensa de experienciar a experiência da outra pessoa *tanto quanto* a sua própria. Enquanto, para Buber, a empatia ignora um dos dois pólos existenciais do diálogo, no momento verdadeiro da inclusão nenhum lado do diálogo é ignorado. A inclusão ocorre quando uma pessoa, "...sem negligenciar nenhum aspecto da realidade percebida em sua atividade, ao mesmo tempo vive o evento comum aos dois a partir do ponto de vista do outro" (Buber, 1965a, p.97).

Certamente, não é por acaso que os seres humanos raramente pratiquem o "experienciar o outro lado". Isso requer um senso muito forte do próprio "centro", assim como flexibilidade existencial e psicológica para "passar" para o outro lado. É uma oscilação ontológica, em certo sentido. Qualquer um que alguma vez tenha tentado isso, com certeza experienciou o medo da perda de seu próprio senso de self[32]. Contudo, é isso precisamente que é necessário, perder o senso *rígido* de self, para entrar na realidade total da outra pessoa. Entretanto, da mesma forma que no momento "EU-TU", não se pode "visar" a inclusão. É preciso um esforço consciente nesse sentido, mas o momento não pode ser forçado. Esses são o dilema e o desafio constantes do terapeuta.

---

32. Rogers (1961) p. 66.

Um último aspecto precisa ser discutido em relação à inclusão. Um dos indicadores de que uma pessoa está pronta para encerrar uma terapia é quando o cliente começa a experienciar a situação do lado do terapeuta. Isto é, o cliente faz comentários do tipo: "Deve ter sido muito duro para você no princípio da terapia"; ou "Acho que nunca vi isso antes do seu ponto de vista"; ou o cliente pode até tornar-se mais interessado na saúde do terapeuta, ou em outros aspectos de sua vida. O *cliente é capaz, agora, de praticar a inclusão*. O self do cliente reconhece e aprecia a singularidade do self do terapeuta e, extrapolando, também o self dos outros. Esta é a base para qualquer diálogo genuíno: a disponibilidade do cliente para experimentar relações verdadeiras com os outros. Segundo Buber, no cerne da abordagem dialógica está a questão da confirmação. Para ele, a base subjacente de toda psicopatologia é a ausência de confirmação que cada um de nós sofre no esforço para nos tornarmos seres humanos. Diferentemente dos animais, que parecem não questionar sua "nature-za animal", *o ser humano precisa ser confirmado pelos outros,* para se perceber como um ser humano. "...Secreta e timidamente, ele espera por um *Sim* que lhe permita ser e que só pode chegar até ele vindo de uma pessoa para outra. É de um homem para o outro que é passado o pão celestial de ser o seu próprio ser" (Buber, 1965b, p.71).

Buber enfatiza que uma vez recebido esse *"Sim"* — o "pão sagrado" vindo dos outros — estaremos capacitados a nos centrar em nossa própria existência, de modo a nos mantermos firmes em nosso próprio chão. É claro que não se trata de algo que acontece apenas uma vez na vida, de forma que a pessoa se sinta, desse momento em diante, confirmada para sempre. É muito mais: uma espiral complexa de acontecimentos que duram a vida toda e através dos quais há, em alguma medida, necessidade e prontidão na existência para esta confirmação tão crucial. São esses os momentos de graça.

Devido à necessidade desesperada de confirmação acabamos nos tornando "falsos eus" (Laing, 1965) ou, o que Buber chama de "parecer". Estamos tão sedentos de confirmação que, se não a recebemos por sermos quem somos, nos esforçaremos para obter qualquer coisa semelhante. Isto é, tentaremos consegui-la nos "mostrando" da maneira que pensamos que a outra pessoa deseja. Criaremos uma impressão — nos empenhando em alguma forma de "parecer", a fim de receber aprovação. Não somos nós mesmos. A ironia, é claro, está em que isto nunca é uma confirmação genuína e a pessoa, no fundo, sabe disso. Porém, esse reconhecimento de nosso existir, mesmo como um "falso self", é preferível à ausência de reconhecimento (May, 1969).

Todos os seres humanos desenvolvem o "parecer" em alguma medida, a fim de sobreviver psicologicamente. Ainda assim, bem no íntimo da pessoa, a alma clama pelo reconhecimento de que *esta* pessoa única existe. Almeja o reconhecimento como indivíduo separado e, ao mesmo tempo, como um ser humano semelhante aos demais. A extraordinária peça *O Homem Elefante* ilustra de forma tocante como é crucial para os seres humanos terem sua existência reconhecida, por mais diferentes que possam ser, física ou psicologicamente. A questão da confirmação reconhece, explicitamente, a conexão íntima entre os homens e os limites da autovalidação individual.

Conseqüentemente, que o cliente sinta-se confirmado pelo terapeuta é o alicerce firme da terapia; situação que proporciona uma oportunidade única para receber a "bênção". Como resultado, a terapia pode se tornar o protótipo para que a pessoa seja confirmada em outras situações.

Um reconhecimento existencial tão profundo inicia-se com a validação da singularidade. O diálogo genuíno começa quando cada pessoa considera a outra "...como o ser único que é. Eu me torno consciente dele, consciente de que ele é diferente, essencialmente diferente de mim, de uma maneira definida e única que lhe é peculiar. Aceito quem assim enxergo de tal forma que posso, plenamente, direcionar o que lhe digo de acordo com a pessoa que é" (Buber, 1965b, p. 79). Confirmar o outro significa fazer o esforço terrível de se voltar para a outra pessoa e afirmar sua existência única e separada — sua "alteridade". Significa também, ao mesmo tempo, reconhecer o vínculo humano comum da relação com outras pessoas.

O significado de "confirmação" aqui é mais que o que se entende comumente por aceitação, embora esta seja, certamente, uma parte da confirmação. Para Buber, a aceitação significa: "Aceito-o assim como você é... mas isso não é ainda o que eu quero dizer com confirmar o outro. Porque aceitar é somente aceitar como ele invariavelmente é nesse momento, nesta realidade que lhe é própria"

(1965b, pp. 181-182). A aceitação, como tal, não coloca qualquer "exigência" existencial inter-humana na outra pessoa para que ela seja diferente do que é. A confirmação, por outro lado, reconhece e afirma a existência dessa pessoa, mesmo que talvez seu comportamento atual seja inaceitável. De fato, pode até haver muita disputa com o outro, ao mesmo tempo que se confirma sua existência.

"Talvez, de vez em quando, eu deva fazer uma oposição cerrada a seu ponto de vista sobre o assunto de nossa conversa. Mas aceito esta pessoa, o portador de uma convicção; aceito-a em sua forma característica de ser, de onde surgiu esta convicção — ainda que deva tentar mostrar, pouco a pouco, o erro dessa mesma convicção. *Reconheço a pessoa com quem estou lutando:* luto com ela como seu parceiro; *eu a confirmo como criatura e como criação; eu confirmo aquele que está contra mim* como meu opositor." (Buber,1965b, p. 79, grifos do autor.)

A aceitação é o *prelúdio* para a verdadeira confirmação: "Eu diria que toda relação existencial verdadeira entre duas pessoas começa com a aceitação" (Buber, 1965b, p. 181). É preciso admitir que ambas as dimensões estão intrinsecamente entrelaçadas e é difícil, se não impossível, na maior parte do tempo, distingui-las claramente.

O "objetivo" da psicoterapia dialógica é que, eventualmente, haja a *possibilidade* de uma relação mútua entre terapeuta e cliente (Friedman, 1985a, 1985b), embora isso não aconteça obrigatoriamente. Evidentemente, esse não é um "objetivo" alcançável em muitas situações (como veremos depois, ao discutirmos os "limites do diálogo"). Seria melhor falarmos da mutualidade como um *subproduto* da terapia dialógica, em vez de considerá-la um objetivo em si mesmo. Ou seja, à medida que o terapeuta estabelece uma relação genuína com o cliente, e enquanto percorrem os muitos estágios da terapia, o cliente, de início hesitantemente, e depois com passos mais audaciosos, começa a se sentir seguro de seu espaço. O cliente tem a sensação, simultaneamente, de ser um indivíduo separado e de estar centrado e em relação, o que lhe dá a confirmação necessária na terapia. O cliente agora está mais capacitado a experienciar a outra pessoa como "TU".

Freqüentemente isto só pode ocorrer depois que muitos dos conflitos "intrapsíquicos" ou "velhos modelos" tiverem sido trabalhados (Trüb, 1952/1964). Antes disso, o terapeuta é, de muitas formas, uma "pseudopessoa" para o cliente. Essa é a verdade sobre o conceito de transferência. Entretanto, esse conceito, por si mesmo, não consegue ir muito longe. Para Rollo May (1983), "a transferência deve ser entendida como a *distorção* do encontro. Já que na psicanálise não havia uma norma para o encontro humano e nem um espaço adequado para a relação EU-TU, surgiu a necessidade de um excesso de simplificação e da diluição das relações de amor" (p. 19, grifo do autor). É apenas trabalhando com esses conflitos "transferenciais" que o terapeuta pode ser visto como uma pessoa "real". Como disse um cliente de maneira comovente: "Estou finalmente começando a permitir sua entrada".

A questão da utilização de "técnicas" torna-se figura na psicoterapia dialógica. *As técnicas precisam surgir do contexto da relação.* Quando há um certo impasse na sessão terapêutica, é totalmente apropriado utilizar uma "técnica" que possa ser útil. Não há nada de errado com as técnicas propriamente ditas, desde que não sejam impostas *arbitrariamente* na situação. Há sempre a exigência de uma relação de confiança que dê "permissão" ao terapeuta para usar certas técnicas. As técnicas precisam surgir do "entre".

O terapeuta deve evitar os perigos do objetivismo, ou do subjetivismo extremados. É uma tarefa semelhante à de Prometeu. Certamente, é difícil ensinar a arte de responder no "entre". Parece que o terapeuta, em grande medida, está em uma situação idêntica à de um ótimo músico de jazz, sempre improvisando. É claro que há muito treinamento nos aspectos técnicos da música, como ler as notas musicais e tocar as escalas; pode, inclusive, até haver um treinamento mais formal, como na música clássica. Entretanto, na situação de improvisação, o treino técnico torna-se apenas um pano de fundo importante a partir do qual o músico é capaz de improvisar. Como Buber afirma sucintamente: "O verdadeiro mestre responde à singularidade" (1967, p. 168).

Finalmente, há a estimulante questão sobre a possibilidade de uma mutualidade verdadeira entre terapeuta e cliente (Friedman,1985a, 1985b). Quando o cliente chega ao consultório, existe inicialmente uma situação relacional desequilibrada. Não há e nem poderia haver mutualidade total entre terapeuta e cliente nessa primeira fase. Buber levantou essa importante questão (freqüentemente mal compreendida) em seu diálogo público com Carl Rogers. Em relação ao terapeuta, ele diz: "A diferença essencial entre o seu papel e o dele nessa situação é óbvia. Ele vem para ser ajudado por você. Você não está para ser ajudado por ele. E não somente isso: você é capaz, em certa medida, de ajudá-lo" (Buber, 1965b, p.171). De fato, essa unilateralidade e a humildade que advém do reconhecimento, pelo cliente, dessa situação desequilibrada, podem ser essenciais para a ocorrência da cura genuína.

Existem também limites que surgem no trabalho com certas formas de neurose e psicose. Os limites específicos para o diálogo genuíno são bem diferentes, dependendo de se estar trabalhando, por exemplo, com uma personalidade narcisista ou com alguém que poderia ser diagnosticado como uma personalidade obsessiva-compulsiva grave. Obviamente, também há diferenças significativas no trabalho com os neuróticos, se comparados com aqueles que manifestam comportamentos psicóticos. Como afirma Buber (1965b): "Posso falar com um esquizofrênico até o ponto em que ele esteja disposto a deixar que eu entre em seu mundo particular, que lhe é próprio e onde geralmente o acesso não é permitido a mim e nem a outros. Mas ele permite a entrada de algumas pessoas. E assim sendo, pode ser que ele me deixe entrar também. Mas no momento em que ele se fecha, não posso entrar" (p. 175).

Até mesmo indivíduos "saudáveis", em determinados momentos não ultrapassam certos níveis de desenvolvimento, pois não estão prontos para fazê-lo. Isso não é *resistência* no sentido estrito do termo. Alguma parte muito profunda e sábia dessa pessoa pode pressentir, intuitivamente, que ela não tem suporte interno ou externo para se arriscar a entrar numa relação mais íntima, mas muito mais ameaçadora.

É necessário ter um enorme senso de segurança para arriscar o próprio self em um contato íntimo com o outro. Nem mesmo a melhor terapia pode violar o princípio dialógico básico de que existem *sempre* dois lados numa interação: cada pessoa pode impor limites para estabelecer até onde ela deseja ir no "entre". Até no diálogo genuíno há o "problema de limites". Em outras palavras:

"Eu faço algo, tento algo, desejo algo e empenho todo meu pensar existente nesse fazer. Então, em um dado momento, defronto-me com um muro, com uma fronteira, com um limite que não posso ignorar. Isso também se aplica ao que me interessa mais do que qualquer coisa: o diálogo humano efetivo". (Buber, 1965b, p. 175)

5/

Psicoterapia Dialógica: Visão Geral e Definições

> "Como psicoterapeutas não podemos indicar
> a verdade *que temos,* mas somente a verdade que
> buscamos *entre* nós, entre médico e paciente."
> Hans Trüb[33]

Na linguagem comum, usamos o termo "diálogo" com muitos significados diferentes. Isso cria uma certa confusão quando discutimos a idéia da psicoterapia dialógica. No intuito de tornar mais claro o significado pretendido por Buber, farei a distinção entre os seguintes conceitos: o dialógico; diálogo não-verbal e verbal; diálogo genuíno; diálogo técnico e monólogo e "diálogo" do self. Darei também uma visão geral da relação entre as dimensões intrapsíquica e interpessoal na terapia.

Primeiramente, o dialógico não deve ser igualado à interação verbal, embora seja freqüentemente um aspecto importante dela. O dialógico se refere ao fato de que nos tornamos, e somos, seres humanos porque estamos em relação com outros seres humanos e temos a capacidade e o desejo de estabelecer relacionamentos

---

33. Trüb (1952/1964), pp. 504-5.

significativos com os outros, ao mesmo tempo respeitando a singularidade do outro e a nossa. O relacionamento *entre* pessoas é o ponto central da existência e não um aspecto secundário (Friedman, 1990). Em essência, isso afirma que nossa existência está *inextricavelmente entrelaçada* com a dos outros. "Todo viver verdadeiro é encontro" (Buber, 1957, p. 93). É extremamente importante enfatizar que o dialógico não é algo que ocorre *dentro de* uma pessoa, mas sim uma experiência "misteriosa" que ocorre na esfera *entre* uma pessoa e outra — contanto que ambas estejam abertas para isso.

O termo "diálogo" refere-se a uma interação mais específica ‚entre pessoas, onde há um desejo de encontrar genuinamente o outro. Este diálogo pode ser inteiramente não-verbal — um diálogo "silencioso"[34]. Buber oferece um exemplo muito simples disso: "Eu pensaria em algo despretensioso mas significativo — nos olhares que estranhos trocam entre si ao se cruzarem em uma rua movimentada, sem nem mesmo alterar o passo. Alguns desses olhares, embora desprovidos de intenção, ainda assim revelam um ao outro duas naturezas dialógicas" (Buber, 1965a, p. 5). O importante aqui não é se a interação é comunicada verbalmente, mas a abertura e intenção com que uma pessoa encontra a outra e a resposta recíproca dessa pessoa. É claro que nem toda comunicação verbal é um diálogo genuíno.

Buber faz algumas distinções importantes em relação a diálogo genuíno, "diálogo" técnico e monólogo disfarçado de diálogo: "Há diálogo genuíno — não importa se falado ou silencioso —, quando cada um dos participantes realmente tem em mente o outro ou os outros, em seu ser presente e único e se volta para eles com a intenção de estabelecer uma relação mútua e viva entre ambos" (Buber, 1965a, p. 19). Essa pessoa única e particular é considerada como o foco exclusivo de sua atenção e isso é retribuído pela outra pessoa. O desejo é encontrar aquela pessoa como pessoa. Em momentos como esse, não se tem reservas sobre estar aberto para o outro.

Nessa descrição verifica-se um contraste com a relação EU-ISSO, da qual o diálogo técnico é uma forma. "Há o diálogo técnico, provocado exclusivamente pela necessidade do entendimento objetivo"

---

34. Brice, comunicação pessoal, 1988.

(Buber, 1965a, p.19). Aqui o foco está no entendimento objetivo, mais do que na pessoa. Não há nada de errado nisso, desde que não seja a única forma de uma pessoa interagir com as outras. De certo modo, o outro é somente um meio para um fim. A terceira distinção que Buber faz diz respeito à "aparência" de uma abertura para o diálogo, enquanto a fala é, na verdade, um monólogo. "E há o monólogo disfarçado de diálogo, quando dois ou mais indivíduos, encontram-se em algum lugar, falam cada qual consigo mesmo de formas singularmente tortuosas e em circunlóquios e ainda assim imaginam que escaparam do tormento de estarem limitados a seus próprios recursos" (Buber, 1965a, p. 19). Muito do que se considera diálogo é freqüentemente uma forma sutil, e às vezes nem tanto, de monólogo. A pessoa está falando consigo mesma na presença de outros, criando a ilusão de que está realmente falando com os outros e interessada neles. Mas na verdade eles foram usados psicologicamente, apenas como mais um aspecto da identidade ou do ego daquele que fala[35]. "Aquele que está vivendo a vida sob a forma de monólogo nunca tem consciência do outro como algo que absolutamente não é ele mesmo..." (Buber, 1965a, p. 20). Na comunicação técnica tanto quanto no monólogo disfarçado de diálogo não há interesse real ou preocupação com a "alteridade" da outra pessoa. Ambos são formas de pseudodiálogo.

Finalmente, há um tipo de "diálogo" do self em que nos tornamos *aware* de que estamos "divididos em dois". Isto é, existem pelo menos dois pensamentos ou sentimentos polares dentro de nós que estão em conflito, e tentamos ouvir os dois lados. Num sentido mais estrito, não se trata de um diálogo, mas de um tipo de *dialética* intrapsíquica. É preciso distinguir o diálogo da "dialética". O diálogo requer pelo menos duas pessoas entrando em uma relação genuína entre si. A dialética refere-se a uma interação entre duas polaridades. Em termos psicoterapêuticos, a dialética pode ser observada "dentro de" um indivíduo único, quando ele está "dividido em dois". Por exemplo, ao mesmo tempo ele quer e não quer fazer alguma coisa. Há uma "tensão" — que em geral é intrapsíquica — em vez de um diálogo *entre* pessoas. A dialética é sempre um aspecto da atitude EU-ISSO e precisa ser ultrapassada para que se atinja o verdadeiro

---

35. Ver também o trabalho de Kohut, bem como o de Atwood e Stolorow.

diálogo[36]. Inexoravelmente, momentos de dialética são o pano de fundo de qualquer diálogo genuíno e o permeiam. Contudo, é importante estabelecer a distinção entre um e outro.

Parece também importante *não* igualar a psicoterapia dialógica com a relação interpessoal do terapeuta com o cliente, ou com as relações interpessoais do cliente fora da situação de terapia. Não é isso que se entende por dialógico. Para o terapeuta, o dialógico refere-se basicamente a uma *abordagem* do cliente; ir ao encontro dele no nível de desenvolvimento psicológico, até onde ele chegou, e trabalhar para ajudá-lo a ter uma postura relacional mais saudável com o mundo. Essa postura relacional engloba as três dimensões principais da compreensão do ser humano: a intrapsíquica, a interpessoal e a transpessoal. Isso não quer dizer que sejam três aspectos separados. Mas, sem dúvida, são três *ênfases* diferentes dentro da terapia e, certamente, dentro do viver.

Nesse ponto, quero dar minha visão geral de como as dimensões intrapsíquica e interpessoal estão interligadas na terapia (a dimensão transpessoal será discutida no próximo capítulo). A exposição que segue é desenvolvida mais em seqüência cronológica do que da maneira como ocorre realmente na prática, pela necessidade de dar continuação a este trabalho. Embora eu pretenda singularizar uma das dimensões em determinado momento, tentarei também tratar da tensão da outra. O critério usado na decisão de qual dos focos enfatizar resulta da avaliação do nível de desenvolvimento do cliente.

Nessa visão geral, apóio-me, basicamente, nos escritos de Hans Trüb, que, mais que qualquer outro terapeuta ocupou-se de algumas questões fundamentais da psicoterapia dialógica. Trüb era analista junguiano. Após um encontro pessoal com Martin Buber, passou dez anos lutando com as contradições que sentia entre sua ênfase terapêutica no intrapsíquico e a profunda experiência interpessoal do "encontro" que teve com Buber, bem como as imensas implicações de sua filosofia. Acabou acreditando que a verdadeira base para a terapia estava na "cura pelo encontro". Isto é, era o relacionamento com o terapeuta que permitia ao indivíduo explorar seus conflitos "intrapsíquicos e caminhar em direção a um contato maior com o

---

36. Ver também Bugental, J. F. T. (1976), p. 137.

terapeuta e, conseqüentemente, com os outros em seu mundo". Trüb nunca mais conseguiu acreditar que sua teoria lhe fornecia a "verdade" sobre o paciente. A abordagem dialógica convenceu-o de uma constatação extremamente forte: "Como psicoterapeutas não podemos indicar a verdade que *temos,* mas somente a verdade que buscamos *entre nós,* entre médico e paciente" (Trüb, 1952/1964, pp. 504-505, grifos do autor). Infelizmente, Trüb morreu antes de poder dar forma ao esboço de uma psicoterapia dialógica. A riqueza profunda de seus escritos, alguns publicados há mais de cinqüenta anos, continua a encantar a quem os lê[37]. A direção clara de suas últimas conclusões sobre psicoterapia é ressaltada no título dado a seu trabalho póstumo (inacabado), *Healing through Meeting.*

Trüb nunca abandonou o enfoque junguiano do intrapsíquico, mas fundamentou-o em uma orientação dialógica. Ele acreditava, como eu, que é necessário, em primeiro lugar, fundamentar a terapia em uma abordagem dialógica, para depois, dentro dessa visão global, explorar aqueles conflitos intrapsíquicos que interferem no encontro genuíno com os outros. Assim, ele colocou dois importantes aspectos da terapia. Um deles requer mais a ênfase *"interpessoal-dialógica"*[38], enquanto o outro focaliza mais a perspectiva *"intrapsíquica-dialética".* Ambas as perspectivas, entretanto, estão baseadas no encontro e na relação pessoa a pessoa. "Esse encontro dialógico é ao mesmo tempo o ponto de partida e o objetivo do nosso

---

37. É uma infelicidade que todos os trabalhos escritos de Trüb estejam esgotados na Alemanha. Para o leitor de língua inglesa, somente sete páginas de notas foram traduzidas e publicadas por Friedman (1964b) em seu trabalho "The Worlds of Existentialism" (pp. 497-505). Trüb é também discutido em "The Healing Dialogue in Psychotherapy" (Friedman,1985a). Entretanto, há uma tradução inglesa não-oficial (1989) feita por Rose Graf-Taylor para a sua dissertação na "Professional School of Psychological Studies", San Diego, CA.

38. À época dos escritos de Trüb, o termo "psicologia" era identificado essencialmente com a orientação intrapsíquica. De forma a enfatizar mais a dimensão inter-humana, ele usou o termo "antropológico" como equivalente a "dialógico". "Nós denominamos este determinado ponto de vista 'antropológico', no sentido de que leva em consideração a pessoa inteira e não somente sua esfera psíquica" (Trüb, 1952/1964, p. 500). Ele menciona os pensadores, cujas filosofias proporcionavam os fundamentos para essa abordagem "antropológica". "Quando falo de 'antropologia' no sentido mencionado, refiro-me, com gratidão, a pioneiros notáveis como Martin Buber, Franz Rosenzweig, Ferdinand Ebner, José Ortega Y Gasset, Rudolf Pannwitz, Karl Jaspers, Viktor von Weizsacker, Ludwig Biswanger, Ernst Michel, Eugen Rosenstock e — de certo modo aos pais de todos eles — Blaise Pascal e Sören Kierkegaard". (1952/1964, p. 500)

trabalho terapêutico. A verdadeira cura da neurose tem nele sua origem e aí se dá. Isto é, no risco desse encontro, no seu sucesso ou fracasso, o processo de cura fica marcado em seus aspectos positivos ou negativos" (Trüb, 1952/1964, p. 501). É somente no desenrolar dessa relação que os conflitos intrapsíquicos podem emergir e serem trabalhados. A relação[39] verdadeira propicia o contexto para a compreensão das distorções intrapsíquicas do self do cliente, dos outros e da relação terapêutica. Dentro dessa relação, cliente e terapeuta podem explorar aquilo que o cliente experiencia conscientemente *versus* aquilo que ele faz inconscientemente. Assim como os sonhos eram, para Freud, a "via régia" para o inconsciente, para o psicoterapeuta dialógico a *relação com o cliente é* a "via régia" da exploração dos conflitos "dentro" da psique. "O médico utiliza o contato com o paciente em nível consciente, a fim de obter *insight* e admissão aos processos irracionais em seu 'inconsciente'" (Trüb, 1952/1964, p. 501).

Embora ocorram ênfases diferentes nas diversas fases da terapia, está sempre presente a tensão resultante da tentativa de lidar com ambas as dimensões, que são essenciais, tão logo seja possível. Nenhum dos dois aspectos pode ser negligenciado por muito tempo na terapia. Certamente, é necessário que haja um encontro verdadeiro com os outros. "É na estrutura dessa relação básica de parceria que a tensão do conflito psíquico, que decorre da contraposição das esferas psíquicas do consciente e do inconsciente, chega à resolução psicoterapêutica" (Trüb, 1952/1964, p. 501).

Como conseqüência, essas duas fases solicitam duas orientações diferentes na terapia. Na primeira fase, o terapeuta deve se concentrar basicamente na construção de uma relação de confiança com a pessoa, que, sem dúvida com razão, aprendeu a ser desconfiada. O terapeuta, portanto, no começo e na base de seu trabalho, preocupa-se em "confirmar"[40] essa pessoa e, até onde for possível, aceitar seu comportamento. Após a construção da relação de confiança e aceitação, e da exploração de conflitos intrapsíquicos que interferiam, começa a próxima fase da terapia. Agora o terapeuta volta-se principalmente

---

39. Ver também o trabalho de Greenson (1978), "The 'Real' Relationship Between the Pacient and the Psychoanalyst."
40. Ver também a discussão sobre "confirmação" no capítulo anterior.

para a realidade existencial do mundo. Isto é, ainda que atuando sob a perspectiva subjetiva e intrapsíquica, há um mundo *real* e pessoas *reais* que recorrem a nós, e somos responsáveis diante deles. Trüb discute a primeira parte dessa abordagem bifásica da seguinte maneira:

"Na primeira fase, o psicoterapeuta coloca-se pessoalmente do lado do paciente perdido em si mesmo, sem levar em conta as exigências do mundo. Ele o encontra com o amor e a compreensão de um irmão mais velho. E como psicólogo... esforça-se para permitir que a experiência do paciente em relação a si próprio torne-se lúcida e consciente, ampliando seu processo de individuação; nesse esforço utiliza ao máximo sua capacidade". (Trüb, 1947/1964, p. 499)

A postura dialógica inicial é tomar como ponto de partida a experiência do cliente[41]. Em outras palavras, cada cliente chega à situação terapêutica com experiências de desenvolvimento diferentes. Muito freqüentemente a pessoa não pode explorar de maneira adequada os aspectos interpessoais e transpessoais de sua vida, até que os impedimentos intrapsíquicos maiores estejam trabalhados e integrados.

Para conseguir isso, o terapeuta deve iniciar procurando aquelas "coisas perdidas e esquecidas" que estão enterradas "na" psique, devido a feridas do passado. Faz isso entrando em relação com um ser semelhante. Sabe que o significado secreto dessas "coisas perdidas e esquecidas" só é revelado em uma relação de confiança com outro ser humano e não através de uma postura objetiva visando classificações.

"Mas o psicoterapeuta em seu trabalho com o doente é *essencialmente um ser humano*. Como individualidade, ele sabe da existência de um campo de criação permanente e repleto de significados, assim como de suas coisas perdidas e esquecidas. Como homem, ele sente-se em débito e responsável por isso, e se esforça para redescobrir seu significado secreto para trazê-las novamente à consciência... Mas ele sabe, nas profundezas de

---

41. Ver também o capítulo 8, "Entrando no mundo do cliente".

seu self, que o significado secreto dessas coisas que foram trazidas à consciência revela-se primeiro *no movimento de ir para o outro*. Assim, ele busca e ama o ser humano em seus pacientes e permite que... ele venha a seu encontro sempre e sempre." (Trüb, 1935,1964, p. 497)

Essas "coisas perdidas e esquecidas" referem-se a um período anterior, onde havia uma abertura sem reservas para outras pessoas importantes em nossa vida. Correspondentemente, essa foi uma fase de enorme vulnerabilidade interpessoal — já que no início do desenvolvimento falta-nos estrutura para suportar a "rejeição" das pessoas que cuidam de nós. Partindo desse ponto de vista, Trüb propõe uma compreensão dialógica do inconsciente muito radical. "O inconsciente... tem sua origem naquele não absoluto do encontro rejeitado; atrás dessa poderosa barreira, a necessidade psíquica da pessoa de um encontro verdadeiro com o mundo fica secretamente represada, volta para si mesma e assim solidifica-se no 'inconsciente'" (p. 504). Em conseqüência, há um grande retraimento — *fuga do encontro*. "A revelação, através da psicologia de profundidade, desses mecanismos psíquicos internos de defesa, somente pode prosperar de uma forma verdadeiramente terapêutica se possuir a chave para a compreensão central desses sistemas, no reconhecimento do self que executa *pessoalmente* a fuga do encontro..." (Trüb, 1952/1964, p. 501).

A "fuga do encontro" leva a uma introversão elementar que forma o cerne da neurose. Na introversão elementar, o self *volta-se para si mesmo* e se isola da profunda nutrição da alma, vinda dos outros. "Assim, as neuroses apresentam-se a nós como tentativas mais ou menos infelizes para forçar e afirmar a auto-realização através da adequação de sua própria força..." (Trüb, 1952, 1964, p. 502). Nes- sas condições, o indivíduo pode sentir que ninguém é confiável e, portanto, ele precisa fazer tudo sozinho.

Essa é a pessoa moderna, que se "faz por si mesma". Se não fosse pela tristeza da situação, tal pessoa poderia ser uma caricatura do individualismo. Mas a tragédia é a perda da interligação humana. Humanidade iguala-se a individualidade. Certamente, todos precisamos de um sentido de separação. Esse movimento é *parte* do processo de individuação. Mesmo assim, no extremo reside o grande perigo do isolamento interpessoal e da alienação. O terapeuta deve alinhar-se com o "centro dinâmico" do cliente, antes que haja um movimento em direção a outros.

"Essa é a situação terapêutica dentro da qual encontra-se o médico para a realização plena de sua tarefa: acalmar e harmonizar a tensão psíquica do paciente, mas não apenas de acordo com o desejo dele; como um parceiro, deve *penetrar até a base pessoal do ser dessa pessoa,* até a verdadeira origem — a introversão elementar que nutre toda a neurose. É somente nessa origem que se pode buscar a cura, quando o self retrocede e irrompe em direção à comunidade de seus semelhantes." (Trüb, 1952/1964, p. 503, grifos do autor.)

Uma vez trabalhei em terapia com uma cliente que, embora não fosse psicótica, vivia em seu próprio mundo "interior" a maior parte do tempo. Ela estava passando por grandes dificuldades em seu relacionamento, principalmente porque "projetava" muitos de seus medos intrapsíquicos no companheiro. Era claro que ele também tinha culpa e recusava-se a fazer terapia de casal. Ela estava tão envolvida com suas próprias percepções internas que, por quase nove meses, eu me senti um fantasma. Ela estava *irremediavelmente* absorvida em si mesma, e em muitas sessões passava-me, por vezes, a fantasia de que eu poderia iniciar a sessão, sair da sala e depois voltar, no final, sem que ela percebesse! Era como se minha existência como pessoa fosse absolutamente sem importância para ela na situação de terapia. Durante esse tempo, dei bastante suporte à sua autoconcentração, pois pela sua história passada, eu sentia que somente agindo assim poderia estabelecer-se entre nós uma relação genuína de confiança.

Em um certo momento, após nove meses de terapia e trabalhando muitas das suas questões "internas", senti que alguma coisa estava mudando, nela e em nossa relação; ela estava bem mais aberta para olhar as dimensões interpessoais em sua vida. Percebendo essa maior abertura, assumi um grande risco: contei-lhe que, freqüentemente, havia me sentido como um fantasma para ela. O potencial para o encontro ultrapassava os riscos do "desencontro". De fato, acreditava ser *essencial* para ela lidar com essa questão, já que, provavelmente, ela estava tratando outras pessoas da mesma maneira. Embora a princípio meu comentário a tivesse magoado, foi um momento decisivo na terapia. O susto trouxe-a para a realidade da situação e mostrou-lhe quantos fantasmas existiam em sua vida. Referindo-se à tensão do *insight* intrapsíquico *versus* "encontro" interpessoal, Trüb (1947/1964) sugere que "...cada resultado positivo de uma autodescoberta, alcançado provisoriamente e trazido à luz pela análise psicológica, deve ser em cada caso imediatamente examinado, para se verificar se pode ser *considerado como o ponto de partida de um novo encontro pessoal com o mundo"* (p. 499, grifos do autor). É crucial quando e como isso é feito, e a terapia já deve ter lidado com as questões que *interferem* no estabelecimento de um encontro genuíno. O terapeuta não deve exigir do cliente uma relação "verdadeira" antes que ele esteja preparado para isso.

"Antes de tudo, a reconstrução da capacidade para o encontro dialógico deve seguir *de mãos dadas* com um esforço psicológico sistemático para afrouxar e desmontar os complexos mecanismos de defesa na esfera psíquica da expressão. Isso acontece à medida que o self em recuperação o permite, de forma a tornar as forças psíquicas, até então impedidas, outra vez disponíveis para um novo encontro com o mundo. Sem essa assistência suplementar de uma psicologia de profundidade, aquilo que é dialogicamente esperado do self do paciente na situação de encontro com o mundo poderia constituir um peso grande demais, expondo-o ao perigo da regressão." (Trüb, 1952/1964, p. 502.)

Entretanto, a compreensão do inconsciente nunca se torna o foco exclusivo do terapeuta. Essa compreensão não é separada da relação, eis que *somente* na relação de "parceria" toda a amplitude do inconsciente pode ser explorada. O inconsciente não se assemelha a uma "caixa preta" auto-suficiente *dentro* da pessoa, que existe sem levar em conta seus relacionamentos com o mundo[42]. Ele é, antes de tudo, uma dimensão integralmente entrelaçada com nossos "encontros"

---

42. Friedman, (1985a), especialmente nos capítulos "The Unconscious as the Ground of the Physical and the Psychic" e "Dialogue with Dreams." Também são sugestivas na obra de

e "desencontros" com o mundo. "A atitude *dialógica* básica (do terapeuta) não exclui de forma alguma a atitude *dialética* básica do psicólogo (de orientação intrapsíquica), focalizando a multiplicidade contraditória da psique; ainda assim esta última se coordena e se subordina à relação de parceria..." (Trüb, 1952/1964, p. 502).

Existe *sempre* essa tensão na maneira de olhar o material intrapsíquico dialético e na aceitação e exploração desses conflitos, não obstante a tentativa persistente de levar esse aspecto para uma ligação interpessoal dialógica com os outros e o mundo em geral. Estes esforços devem caminhar *lado a lado*, o que exige sintonia considerável, até mesmo da parte do terapeuta, no sentido de diferenciar quais necessidades devem ser enfatizadas em um dado momento da terapia. "A disponibilidade do self para encontrar-se com o mundo e a situação de um diálogo vivo (entre *'o dentro'* e *'o fora'*), deveria ser trabalhada e apoiada simultaneamente com o esforço para alcançar a integração psíquica do self." (Trüb, 1952/1964, p. 503, grifos do autor.)

Na introversão elementar mencionada por Trüb, podemos muito facilmente perder nossa interligação com os outros e o mundo. É sempre uma tensão extremamente delicada; com muita freqüência torna-se dolorosamente difícil o equilíbrio destas dimensões cruciais de nossa existência. Contudo, a introversão elementar não é, e nunca poderia ser, o total isolamento do mundo dos outros. Mesmo no retraimento mais profundo existe *uma vaga inquietação da alma que anseia pelo encontro genuíno com os outros.* "Na pessoa neurótica, entretanto, agita-se ainda um profundo 'desassossego do coração', no qual o self original, na carência e na expectativa de uma ajuda transcendental, secretamente se faz perceptível" (Trüb, 1952/1964, p. 502). É como se a capacidade para o diálogo e para o encontro genuíno estivesse adormecida, à espera de alguém que procure o verdadeiro self, escondido pela vulnerabilidade debilitante que resultou da exposição prematura. Porém, mesmo escondido, ele deseja estar em comunhão com outro self, que, com um olhar suave pode convidar esse 'recluso' a voltar para a relação com os outros. A inquietação vaga continua a crescer e a se firmar, até que a própria

---

Merleau-Ponty, "Working Notes", as notas sobre "psicanálise ontológica" (p. 270), "o inconsciente" (p. 180), assim como "os sonhos" (pp. 262-263).

defesa de uma introversão elementar não consiga mais mantê-la sufocada. "Nesse desassossego do coração, o mecanismo de defesa da introversão, criado pela desconfiança, finalmente torna-se *questionável...*" (Trüb, 1952/1964, p. 502). Neste ponto, o cliente está pronto para o encontro com o outro.

Com essa visão da psicopatologia — o cliente está manifestando uma introversão elementar que indica uma "fuga do encontro" — o terapeuta já está considerando a pessoa como um "TU". O terapeuta procura pelo "TU" escondido por trás das camadas e dos anos de autoproteção.

"O terapeuta, desde o começo, considera o paciente isolado, como alguém que sacrificou sua capacidade para o diálogo, retirando seu self do encontro com o mundo. Volta-se imediatamente para ele: a psicoterapia antropológica (dialógica) coloca-o como um ser semelhante, como um TU, o parceiro original de um encontro plenamente humano. Vai à procura do self obstinado desse prisioneiro introvertido da psique, e não lhe dá trégua. *Chama este self pelo nome como se chama alguém que é convocado a responder,* alguém que é pessoalmente responsável. E assim procedendo, o self é desafiado a desvelar a si mesmo e a se individuar no novo diálogo com o médico-parceiro e, além dele, na relação com o mundo — e não meramente em uma relação do tipo introvertido." (Trüb, 1952/1964, pp. 500-501, grifos do autor.)

Assim, tão logo seja possível, a "segunda" fase da terapia é enfatizada com um foco mais nítido na dimensão interpessoal-dialógica. Referindo-se a esse novo foco do terapeuta, Trüb (1947/1964) propõe que "na segunda fase ele passe para o lado do mundo, onde há envolvimento, e espere que o paciente, nesse momento já potencialmente saudável, liberte-se agora de seu auto-aprisionamento e se volte para o mundo com toda sua alma..." (p. 499). Isso se manifesta tanto no foco ampliado da dimensão interpessoal da relação terapêutica quanto nos relacionamentos reais dentro da vida do cliente.

Na verdade, o foco na dimensão interpessoal-dialógica da terapia *não* é exclusivamente um fim em si mesmo, embora seja certamente um relacionamento real: ele visa, antes de tudo, ajudar a pessoa a desenvolver um estilo de relação que possa ser levado para fora do consultório e aplicado de uma maneira concreta aos relacionamentos em que essa pessoa esteja envolvida. A terapia nunca deve tornar-se o último meio para alguém isolar-se do mundo. O terapeuta, nesta fase, é uma pessoa real tanto quanto um "representante" do mundo.

> "O psicoterapeuta... tem que incorporar, na qualidade de substituto, a comunidade e seu mundo espiritual que se negaram ao neurótico, que, por sua vez, nega a si mesmo. É tarefa do terapeuta começar a reconstruir a relação dialógica interrompida entre o indivíduo e sua comunidade mais próxima. Assim, a relação entre médico e paciente apresenta-se como uma espécie de célula, onde os dois parceiros juntos, deliberadamente, representam tanto a angústia universal quanto a doença do indivíduo, prosseguindo em direção a um diálogo pessoal para a cura. Partindo disso, pode-se falar de cura quando a relação psíquica do paciente com o mundo foi renovada e fortalecida por esses diálogos, a um grau que ele possa, por si mesmo, chegar a uma afirmação daquela relação em sua própria esfera concreta de existência. A relação de 'parceiros' em psicoterapia demonstra, com isso, ser um protótipo da relação pessoal e responsável para com a comunidade, que deve ser recuperada". (Trüb, 1947/1964, p. 498.)

Em outro trabalho publicado após sua morte, Kohut (1984) formulou uma questão básica e de grande perplexidade: "Como é que a análise cura?" Para Kohut, a resposta estava na atividade empática do analista. A resposta de Trüb, quase quarenta anos antes, foi bem mais longe. Era a exploração da esfera intrapsíquica dentro de uma relação dialógica e a solidificação da capacidade do cliente para uma ligação genuína dentro da relação, de tal forma que o cliente possa então manter relações genuínas e significativas com os outros. Essa é uma incumbência difícil para a psicoterapia. Uma tarefa que nunca é facilmente cumprida. Ela é repleta de tropeços. Contudo, é o modo pelo qual os humanos tornam-se verdadeiramente pessoas. E isso não acontece através do desenvolvimento da individualidade apenas, mas na abertura para o outro e na disponibilidade para receber um "sim" do outro — a disponibilidade para receber a plenitude do outro. O "sim" que nos preenche. Buscar nosso "self" não é um fim em si mesmo. Mais que isso, nosso self revela-se e completa-se em nossa relação com os outros.

Trüb considerou que a psicoterapia desenvolvia-se basicamente em *duas* fases: a intrapsíquica-dialética e a interpessoal-dialógica. Embora, por natureza, fosse um homem místico, também interessado na dimensão espiritual, ele não considerou o campo de ação da terapia lidando com os aspectos espirituais ou "transpessoais" de nossa existência. É óbvio, entretanto, que a sensibilidade espiritual permeia os pensamentos expressos em seus escritos. Penso que o movimento mais recente da psicologia transpessoal tem ajudado os terapeutas a verem essa dimensão como uma parte legítima e integral da terapia. Entretanto, esse aspecto freqüentemente só emerge quando as duas primeiras fases da terapia já foram trabalhadas. Muitas vezes isso é descoberto na fase interpessoal-dialógica da terapia. Já que essa dimensão é menos familiar do que as dimensões intrapsíquica e interpessoal discutidas até agora, o próximo capítulo será exclusivamente devotado a uma exploração deste aspecto de nossa existência.

6/

A Dimensão Espiritual na Psicoterapia

"Cada *TU* único é um vislumbre em direção ao *TU* eterno; por meio de cada *TU* único o mundo primordial busca o *TU* eterno."
(Martin Buber)[43]

I. CONTEXTO HISTÓRICO-SOCIAL

Nos capítulos anteriores discuti como é preciso lidar com as dimensões intrapessoais e interpessoais na terapia. Neste capítulo quero focalizar a dimensão que realmente fundamenta as outras duas e se manifesta através delas. As idéias aqui expressas são mais sugestões do que conclusões. Esta dimensão é aquela que alguns psicólogos atualmente chamam de "transpessoal". Refere-se, essencialmente, à crença (muitos diriam à experiência) de que nossa existência está fundamentada e permeada pelo espiritual. É a crença ou a experiência de que não somos seres isolados. Ao contrário, somos parte de uma totalidade maior da existência e estamos inseparavelmente conectados uns com os outros. Em algumas religiões

---

43. Buber (1923/1958b, p. 75).

orientais bem como na tradição mística ocidental, há um reconhecimento intenso dessa *awareness*.

O termo "transpessoal" quer dizer além dos limites do individual. Acho importante notar que ao falar do transpessoal *não* pretendo suprimir o pessoal. Não há experiência transpessoal genuína sem o pessoal. Aquilo que está "além" do pessoal só pode ser conhecido *através* do pessoal. É uma observação relevante, já que alguns indivíduos tentam "transcender" o pessoal sem se desenvolverem completamente como pessoas! Eles tentam ultrapassar seus problemas pessoais "escapulindo" para outro nível de existência. Isso é o que Welwood (1984, p. 64) chama de "atalho espiritual".

Há também outro problema: algumas pessoas pensam que o termo "transpessoal" significa que poderíamos ficar "livres" de nosso ego. Essa não é a questão. Como Jung bem observou, a última metade da vida é uma jornada de aprendizado que coloca nossa consciência de ego *dentro* de um contexto maior. Isso requer, paradoxalmente, um ego muito forte, que esteja ao mesmo tempo motivado e disponível para realizar o trabalho disciplinado que se faz necessário. Algumas pessoas têm compreendido mal o direcionamento do transpessoal, no sentido de que as pessoas com egos menos desenvolvidos estariam mais aptas a explorar prontamente a dimensão transpessoal. Nada está mais longe da verdade.

Este é o problema que Wilber (1982) chama de "pré/trans-falácia." Isto é, existe toda a diferença do mundo entre um estado desenvolvido de "pré-ego" e um estado desenvolvido de "trans-ego". Tentar impor uma consciência transpessoal a alguém — por exemplo a um pré-adolescente que não teve a oportunidade de desenvolver seu próprio senso de identidade — é provocar uma fragmentação dessa identidade, ou em casos extremos a psicose. Por definição, psicose significa um desenvolvimento insuficiente das fronteiras do ego. É somente quando há um senso de identidade forte e estável que se pode aventurar com segurança para outra esfera de consciência, mais ameaçadora e também mais ampla.

A REPRESSÃO DO ESPIRITUAL

Freud perturbou a consciência do século XIX ao apontar a repressão da sexualidade que permeava aquele período. *Entretanto,*

Freud confundiu a ponta de um problema muito maior com o próprio problema. O homem[44] do século XIX via-se, antes de tudo, como um ser racional: acreditava que todos os problemas poderiam ser resolvidos pelo uso da razão e da força de vontade. Como conseqüência, houve uma repressão do fundamento ontológico, ou espiritual, de nossa existência — nossa conexão com um sentido de realidade bem mais amplo e não racional, que basicamente é indescritível. Freud ajudou a estilhaçar a imagem do homem racional. Ele estava certo até certo ponto: a sexualidade, acima de tudo, traz a *awareness* de nossa base na existência primitiva, em algo muito maior que nós e, certamente, muito maior que a identidade do ego ou a consciência racional.

Essa é uma grave ameaça para o ego da pessoa moderna, voltada para a razão, pois boa parte de nossa vida é gasta na separação de nossos pais e no esforço para desenvolvermos uma identidade própria[45]. Ainda assim, esse sentido de separação e identidade é bastante frágil. Em nossa sociedade contemporânea há um medo opressivo da perda do self em uma relação com alguém, ou em um objetivo maior.

Em função desse sentido frágil de identidade, dessa insegurança ontológica, há dentro da sociedade ocidental contemporânea uma ênfase excessiva na separação. Se há tanto medo de perder a individualidade, é preciso estar constantemente em guarda a fim de afirmá-la. Somente pondo em relevo radicalmente a separação, o indivíduo moderno pode sentir-se seguro de que sua individualidade está garantida.

Contudo, a ênfase excessiva na separação cobra um preço alto. Um exemplo doloroso é o fato de ser extremamente difícil para as pessoas, na sociedade americana moderna, manterem uma relação

---

44. Utilizei propositadamente o termo "homem", em vez de um termo específico assexuado, para ressaltar o fato de que eram primariamente os *homens* que se viam como seres racionais.
45. Carol Gilligan (1982), Chris Downing (1987) e outros sugeriram que somos obcecados com a "separação" por causa da dominância de uma psicologia dirigida aos homens. Sugerem que as mulheres, pelo fato de serem do mesmo gênero que suas mães, não precisam se preocupar tanto com a questão da separação. Parece que nós não temos, atualmente, uma psicologia adequada voltada para o feminino que complemente e integre a psicologia masculina predominante na civilização ocidental. O pensamento oriental deve ter muito a oferecer a esse respeito.

significativa — o elevado índice de divórcios nos Estados Unidos parece demonstrar isso claramente. Cria-se também um alto nível de alienação, uma vez que o indivíduo não só se isola dos outros mas também de uma fonte espiritual mais profunda. Com a alienação crescente vêm a apatia e o amortecimento de nossa existência. A ironia é que se enfatizamos demais a separação, em vez de sermos únicos, tornamo-nos iguais a todo mundo — mais despersonalizados[46].

Entretanto, o sentido do espiritual não pode ser totalmente reprimido e precisa emergir de alguma forma. Na sociedade americana ele emerge, ironicamente, na busca de coisas materiais. Adquirir o máximo possível de coisas materiais é o denominador comum mais baixo para a participação num sentido maior de realidade! A aquisição torna-se religião. A equação parece ser: quanto mais adquirimos, melhores seremos. O sucesso como pessoas é igualado ao sucesso financeiro.

A repressão da espiritualidade cria também uma sociedade e indivíduos extremamente ansiosos. Quando as pessoas estão isoladas do sentido da relação com os outros e do sentido de uma realidade maior, experienciam ansiedade e vazio. Tal isolamento psicológico cria uma lacuna que anseia por ser preenchida. Como não pode ser preenchida por aquilo que almeja, precisa encontrar um substituto. Mas esse substituto — dinheiro, drogas, sexo, até a televisão — só consegue criar mais desejo.

Freud também estava errado ao identificar totalmente o inconsciente com o inconsciente pessoal. Jung parece chegar mais perto da "verdade": somos todos encarnações do Ser. O inconsciente pessoal passa a ser considerado como parte do inconsciente indiferenciado do Ser. Talvez, quanto mais temermos "inconscientemente" ser dominados pela intangibilidade do Ser, mais nos tornaremos apegados "defensivamente" às *coisas* físicas. Nós nos agarramos a "coisas" como se elas fossem pedras que se projetam neste oceano irresistível do Ser. Nós nos agarramos com força, por medo de sermos arrastados pelas ondas sempre ameaçadoras do Ser. Tememos perder qualquer pequeno sentido de controle que

---

46. O amortecimento é o preço que pagamos por existirmos isolados do Ser. (Heidegger, 1962)

conquistamos. A consciência, aparentemente o ponto mais alto do desenvolvimento da espécie humana, é apenas uma pequena ilha no vasto oceano do Ser. A sexualidade é somente uma forma fortemente manifesta dessa inconsciência vasta e primitiva — um "Ser selvagem" (Merleau-Ponty, 1968). Freud deve ter percebido provavelmente a força numinosa da sexualidade[47]. Contudo, seria necessário uma "psicanálise ontológica" (Merleau-Ponty, 1968, p. 270) para começar a explorar mais adequadamente toda a profundidade da experiência humana e o relacionamento com o Ser para o qual a sexualidade nos chama[48].

Ainda assim, essa imensa inconsciência não pode permanecer em estado bruto, no desconhecido e no não dito. A consciência deseja estar ciente de si mesma, deseja entender-se. Conseqüentemente, cria o ser humano como um veículo para chegar à consciência (Heidegger, 1962; Jung, 1961; Merleau-Ponty, 1968). Sem dúvida, a consciência manifesta-se "dentro" do indivíduo, mas o ser consegue conhecer-se mais profundamente no diálogo *entre* e *em contato com* outros humanos. Algumas civilizações têm lidado com esse fato através da utilização dos mitos e da religião. Embora uma religião organizada ainda possa ser uma força em nossa sociedade, parece que o *cientificismo* e o *materialismo* são as principais "religiões" que utilizamos para buscar, muito ineficazmente, nosso lugar na Natureza. De fato, seria muito mais apropriado dizer que elas são formas *disfuncionais* de lidar com nossa ancoragem naquilo que é maior que nós.

O espírito humano nunca pode ser apreendido em termos racionalistas; muito menos pode ser adequadamente tratado dessa forma. Tentar fazê-lo é um desserviço grave para com a nossa existência e apenas contribui para o sentido de alienação e isolamento que já forma o substrato da vida contemporânea. A vida privada do espiritual é uma vida amortecida. Nós nos tornamos tão enamorados de nossas atividades racionais e científicas que nos esquecemos do "milagre" mais primordial de todos: *nós existimos*. O fato de que *nós somos,* ofusca, de longe, qualquer coisa que, como humanos, possamos fazer.

---

47. Ver também a discussão de Freud no livro de Jung, *Memórias, sonhos e reflexões*.
48. Em relação à psicoterapia dialógica, Friedman (1985a, p. 152) discute a extensão da "ontologia do entre" na terapia.

Apesar disso, nosso viver nunca é totalmente desprovido da ligação com o espiritual. A idade moderna empenha-se fortemente em reprimir a *awareness* desse aspecto essencial da existência humana; mas nunca consegue fazê-lo completamente. A vontade humana, que na verdade é um aspecto espiritual individualizado, nunca pode suprimir totalmente essa *awareness*. Estar vivo e estar *aware* são, de modo gritante, miraculosos demais para serem completamente suprimidos.

A ERA DA DETERMINAÇÃO

Na idade moderna predominam a racionalidade e a determinação. A determinação é a arrogância da pessoa moderna, o orgulho que temporariamente infla o ego, mas que eventualmente leva à auto-destruição. Se isso era verdade para os gregos antigos, também o é para a pessoa moderna. É verdadeiro em nível individual e, de forma ainda mais dramática, em nível social. A terrível e perigosa possibilidade de um holocausto nuclear é apenas o símbolo mais dramático da arrogância do homem ocidental[49].

Até mesmo nossas cidades modernas, representando o "apogeu" do avanço tecnológico, apóiam sempre o egoísmo, a arrogância e a determinação constante, porque isso ajuda a criar a impressão de que podemos superar qualquer obstáculo da natureza. Para a pessoa contemporânea que não reflete, a natureza é meramente um objeto a ser explorado para atender aos propósitos humanos. Trata-se de uma visão excessivamente egocêntrica e míope de nossa inter-relação com a natureza. Esta não deve ser subjugada, mas vivida em um equilíbrio ecológico. *Precisamos que a natureza nos ensine a viver, assim como a natureza precisa de nós para torná-la consciente!*

VONTADE E DETERMINAÇÃO

Uma das questões centrais na sociedade contemporânea é a ênfase excessiva na determinação humana (May, 1969). Farber

---

49. Mais uma vez, usei propositalmente o termo "do homem", para enfatizar que tem sido primariamente os homens que têm tomado as maiores decisões políticas e militares que nos trouxeram à beira do desastre. Contudo, está para ser visto se as mulheres teriam uma

(1976) apontou a importância da distinção entre vontade e determinação. Ele afirma, por exemplo, que podemos "querer" ir dormir, mas não podemos *determinar* o sono. Algumas religiões "populares" dão a impressão de que tudo que o indivíduo precisa fazer é entregar sua vontade a uma força maior. Tive vários clientes do sul da Califórnia que receberam a recomendação de simplesmente "entregarem-se ao universo" e suas necessidades seriam supridas! Isso parece ser uma compreensão extremamente ingênua e parcial de nossa relação com o universo. Entretanto, é uma oposição compreensível à abordagem tradicional ocidental de que "onde há vontade, há um meio". Isso é tão ingênuo quanto tentar impor a vontade débil do indivíduo na vasta amplitude da vida.

Viver requer um grande talento para equilibrar a própria vontade com o funcionamento do universo. Rollo May fala sobre isso como a tensão entre "liberdade e destino" (1981). Viver exige escolha e compromisso, mas também a *aceitação* daquilo que não pode ser mudado. Freqüentemente, é difícil discernir um do outro. Nenhuma polaridade, por si mesma, é suficiente para viver-se de maneira saudável. A integração das duas é sempre necessária. Mesmo assim, é difícil saber, num dado momento, qual é o equilíbrio apropriado. A característica que ressalta em uma vida saudável é a *busca desse equilíbrio, mais do que a "descoberta" do mesmo.*

Uma abordagem como essa exige uma mudança radical de atitude, *que manifesta uma reverência pelo que é.* É uma idéia que assusta a maioria, uma vez que grande parte de nossa vida tem sido dedicada à luta para desenvolver um sentido de identidade. A partir dele somos capazes de ter perspectivas próprias e fazer julgamentos. Certamente, isso foi necessário no passado, mas à medida que amadurecemos, esse mesmo egocentrismo interfere em nosso desenvolvimento mais profundo. *Fomos seduzidos por nossa própria determinação.* O egocentrismo precisa ser substituído, ou pelo menos equilibrado, pela humildade e reverência. A determinação pode, no máximo, trazer-nos uma satisfação passageira.

---

mentalidade diferente se estivessem em posições de tomar tais decisões. Até agora, a maioria delas não têm tido oportunidade de tomá-las.

A REDESCOBERTA DO ESPIRITUAL

Há uma grande necessidade na sociedade contemporânea de redescobrir o "sagrado", que não se refere a nenhuma crença religiosa específica, mas a uma "abertura" para o que está além de nós. A repressão e a falta de contato com o sagrado contribuíram para criar a perigosa situação que vivemos no mundo de hoje. Até os perigos do individualismo, que leva a uma crença simplista do bem e do mal, de "nós *versus* eles", provêm da ausência do sagrado. Quando entramos em contato com o sagrado, tornamo-nos *aware* da terrível realidade de que somos todos, de fato, mais parecidos do que diferentes. Somente em nossa adoração religiosa do materialismo, da tecnocracia e do cientificismo é que nosso sentido do sagrado aparece. Mas surge de uma forma excessivamente desviada e certamente mais diluída. O espiritual propicia um contexto que ajuda a tornar a aparente insignificância de nossas ações individuais mais significativas. Muitas pessoas procuram a terapia porque sentem que sua vida não tem sentido. Viver a vida como a incorporação do espiritual, torna-a ao menos em parte, mais significativa. O significado não depende totalmente de nossas ações apenas, mesmo que, certamente precisemos agir de forma a "moldarmos" a matéria-prima que nos é dada. O simples fato de estarmos vivos, de respirarmos, de nosso coração pulsar, já é miraculoso e *nós somos o local desse milagre*. Essa atitude de assombro e encantamento está radicalmente ausente em nossa cultura. *E a sua ausência representa o empobrecimento de nossa alma.* O espírito humano só pode crescer se for nutrido por algo muito maior que ele mesmo. *Nossa limitação humana nos abre para o ilimitado.*

O EU-TU E O EU-ISSO

Uma dificuldade séria para a pessoa moderna, que tenta se conectar com um sentido maior do Ser, é que há uma ênfase excessiva na atitude EU-ISSO dentro da sociedade contemporânea. Ou seja, é tal a obsessão com a dimensão objetiva da existência que, conseqüentemente, "coisificamos" a nós mesmos e as outras pessoas. Se estivermos, antes de tudo, interessados em descobrir como *utilizar* os outros para nossos próprios fins, sobrará pouco espaço para estarmos abertos a uma relação EU-TU e para uma *awareness* de um sentido maior de existência. Uma atitude *EU-ISSO* é um modo de vida extremamente truncado, mas muito seguro. Exige um mínimo de riscos emocionais. Embora seguro, é emocionalmente pouco compensador.

A psicoterapia dialógica está fundamentada em uma perspectiva amplamente ligada ao espiritual. Não se vincula, de forma alguma, a qualquer crença religiosa, mas afirma que todo diálogo humano é fundamentado no diálogo com o Ser e é uma conseqüência dele. Para Buber, uma pessoa não experiencia o espiritual transcendendo a realidade mundana, mas entra no domínio do espiritual através do encontro EU-TU com a "alteridade". Esta pode ser outra pessoa, ou até a própria natureza (Buber, 1923/1958b). Para Buber, a união que sentimos com o outro no momento EU-TU também nos une com o "TU Eterno". Os momentos de encontro interpessoal profundo nos conduzem à esfera do sagrado. Se tomados em consideração, levam-nos ao encontro da "Alteridade" que toca em nosso ser mais profundo. "Em cada esfera, de acordo com seu feitio, através de cada processo de transformação presente em nós, olhamos para fora em direção ao *TU* eterno, e a cada vez estamos conscientes do sopro do *TU* eterno; em cada *TU* buscamos o *TU* eterno" (Buber, 1923/1958b, p. 6).

Focalizar a relação EU-TU, o "entre", leva-nos já para além das preocupações limitantes com o nosso "ego". Expandem-se a nossa consciência e o sentido de nosso lugar no universo.

> "O espírito em sua manifestação humana é uma resposta do homem ao seu *TU*... O espírito não está no *EU*, mas entre o *EU* e o *TU*. Não é como o sangue que circula em você, mas como o ar que você respira. O homem vive no espírito se for capaz de responder ao seu *TU*. Ele será capaz de fazê-lo se entrar na relação com todo o seu ser. É somente em virtude do poder que ele possui de entrar nessa relação que é capaz de viver no espírito". (Buber, 1923/1958, p. 39)

Essa é uma perspectiva radicalmente diferente da nossa compreensão comum do espiritual. A abordagem ocidental tradicional, baseada no pensamento platônico, diz que o espiritual é aquilo que *transcende* o humano, o dia-a-dia, o mundano. Para Buber, esse entendimento não chega ao ponto. "O homem não pode aproximar-se do divino indo além do humano; ele pode aproximar-se Dele, tornando-se humano. Tornar-se humano — é para isso que cada homem foi criado" (Buber, 1958a, pp. 42-43). É nossa tarefa tornarmo-nos a pessoa que somos "destinados a nos tornar". É óbvio que nunca é fácil estar inteiramente em contato com nosso destino (May, 1981); mas o importante é o esforço para entrar em contato com o que é *mais* central em nossa existência. É isso que nos torna verdadeiramente humanos e, paradoxalmente, coloca-nos mais genuinamente em contato com o infinito.

Não se pretende que o espiritual transcenda nossas limitações concretas. Em vez disso, ele deve *aceitar essas limitações e transformá-las*. O confronto com nossos limites humanos e a luta para transformá-los indicam a estrada que devemos seguir. Ainda assim, esse esforço não é realizado em um isolamento auto-imposto. Não dependemos apenas de nossos próprios recursos. Estamos em comunhão com os outros, que também estão lutando. É o diálogo cada vez mais profundo com os outros que nos conduz para além de nossa finitude.

"Por força de seu caráter dialógico, a vida humana toca no absoluto. A despeito de sua singularidade, o homem, ao mergulhar nas profundezas de sua vida, jamais consegue encontrar um ser completo em si mesmo e que, assim sendo, toque no absoluto. O homem não pode tornar-se inteiro em virtude de uma relação consigo mesmo, mas somente em virtude de uma relação com outro self. Esse outro self pode ser tão limitado e condicionado quanto ele; no existir juntos, o ilimitado e o incondicionado são experienciados." (Buber, 1965a, p. 168)

REVERENCIANDO O COTIDIANO

Buber foi fortemente influenciado pelo hassidismo, movimento místico do judaísmo. A busca espiritual na vida cotidiana era o que mais o atraía para este movimento. Era uma postura contrária à que se vê na nossa sociedade, onde agimos como se essas duas dimensões fossem totalmente separadas. Buber acreditava que o espírito do hassidismo era a solução para a extrema coisificação do mundo moderno e seu consumismo mental e material. Neste se perde a relação essencial com o mundo e se dicotomiza o sagrado do profano.

> "Na vida, como entende e proclama o hassidismo, não há, conseqüentemente, nenhuma distinção essencial entre os espaços sagrados e profanos, entre tempos sagrados e profanos, entre ações sagradas e profanas, entre conversas sagradas e profanas. Em cada lugar, em cada hora, em cada ato, em cada fala, o sagrado pode florescer". (Buber, 1958a, p. 31)

Ou como Friedman (1958, p. 16), sucintamente afirma: "...o profano é o ainda-não reverenciado". Toda ação e todas as coisas têm o potencial para tornar-se "sagradas", se abordadas com uma atitude reverencial. Buber está dizendo que uma "causa" importante da alienação moderna, é nossa resistência à entrada do sagrado, do espiritual, dentro da vida cotidiana. "Inteiramente contra esse comportamento do homem atual, o hassidismo proclama a verdade singela de que a infelicidade de nosso mundo prende-se a sua resistência de que o sagrado entre na vida cotidiana" (Buber, 1958a, p. 40).

O hassidismo diz que a solução para essa resistência é "reverenciar o cotidiano." O que se quer dizer nessa frase é que, ao ficarmos atentos para o misterioso, até nas facetas mais mundanas da vida, a "mediocridade", pode tornar-se "sagrada"; isto é, podemos ver sua interconexão com o espiritual.

> "'Deus habita onde O deixam entrar', diz um ensinamento hassídico; o reverenciar do homem significa que ele deixa entrar. Basicamente, o sagrado em nosso mundo *é nada mais que o que está aberto à transcendência,* como o profano nada mais é que o que, a princípio, está isolado dele. O reverenciar é o evento da abertura." (Buber, 1958a, p. 30. Grifos do autor.)

Existe um belo mito no hassidismo que explica a aparente vibração, ou vida, em todas as coisas, particularmente nos seres humanos; e mesmo assim, como essa vida está "aprisionada". Conta o mito que, no começo dos tempos, a vida (as centelhas sagradas) estava totalmente contida em grandes "artérias-do-mundo". E prossegue relatando como essa vibração se derramou sobre o mundo: "Com o 'rompimento das artérias do mundo', que na era anterior à criação não puderam resistir à abundância do fluxo criativo, centelhas caíram sobre todas as coisas e estão agora aprisionadas nelas, até que, outra vez, um homem use alguma coisa em santidade e assim libere as centelhas que contém" (Buber, 1958a, p. 32). Entretanto, acontece uma certa *incrustação* à medida que as centelhas habitam seres independentes.

"O mundo é uma irradiação de Deus, mas como é dotado com independência de existência e luta, ele está apto, sempre e em qualquer lugar, a formar uma crosta em volta de si mesmo. Assim, a centelha divina vive em todas as coisas e seres, mas cada centelha é envolvida por uma concha que a isola. Somente o homem pode liberá-la e reuni-la com a Origem; faz isso através da conversa sagrada com essa coisa, e de seu uso, também de uma forma sagrada; isto é, de tal modo que sua intenção ao fazê-lo se mantenha direcionada para a transcendência de Deus. Assim, a imanência divina emerge do exílio das 'conchas'". (Buber, 1958, pp. 126-127)

Muitas vezes fico fascinado ao ver como há tanta vida em algumas partes do corpo de uma pessoa; de forma especial nas "janelas da alma" (os olhos). Ainda assim, vejo como essa vida está amortecida em outras partes do corpo, com o conseqüente amortecimento de sua presença. Realmente, é como se a alma brilhasse através dos olhos e revelasse alguma coisa que essa pessoa aprendeu a suprimir.

Um dia, depois de ter lido novamente esse mito e enquanto trabalhava com alguns terapeutas num grupo de treinamento, deparei-me surpreso com uma metáfora maravilhosa do que parece acontecer na terapia. Uma parte importante da tarefa do terapeuta é ajudar a pessoa a entrar em contato com essa "vida interior", revelando-a e incorporando-a mais plenamente.

De certa forma, trata-se de uma tarefa espiritual. É o esforço para "liberar as centelhas sagradas" que ficaram aprisionadas em cada um de nós. Esse esforço realmente requer a atitude dialógica de começar por onde a pessoa está existencialmente, o que inclui tanto a sua vivacidade quanto seu "amortecimento". Significa "tocar" aqueles "pontos" vulneráveis e "acender as centelhas"; inicia-se o movimento em direção à mutualidade maior. A pessoa deve apresentar, é claro, alguma disponibilidade para ser envolvida desta maneira. Uma vez iniciado o processo ele parece ter vida própria.

II. IMPLICAÇÕES TERAPÊUTICAS

> "...o conflito surge quando se elogia e
> se critica o umbigo do outro."
>
> Joshu Sasaki Roshi[50]

Freqüentemente é suscitada uma questão crucial: como a abordagem transpessoal aplica-se ao processo de psicoterapia? Quais são alguns dos resultados concretos que ela apresenta? Apesar de, pela própria natureza, a dimensão transpessoal ser menos acessível a descrições simples de linguagem do que outras dimensões, há certamente alguns aspectos que podem ser tratados.

O "ENTRE"

O reconhecimento de que há algo maior na situação de terapia do que apenas a soma total dos indivíduos fisicamente presentes já é um reconhecimento do "mais-que-pessoal" (Welwood, 1983, p. xii). Representa uma confirmação de que, para muitas pessoas, nossas fronteiras de identidade são estreitas demais e precisam ser expandidas. Para o terapeuta, esse é um fator de facilitação, pois retira dele parte do ônus de encontrar uma "resposta" para o cliente. É o reconhecimento de que, freqüentemente, o terapeuta tem que "estar" com o cliente nesse "entre". É do entre que emergirá a "resposta". Isto requer do terapeuta que não caia na armadilha de suas próprias exigências de "cura". De certo modo, o terapeuta precisa estar o mais livre possível de suas lutas egóicas. É bom ter em mente que nenhum de nós jamais está completamente livre delas. É muito mais uma questão de grau, em que o mais importante é a "tentativa" constante de ficar menos preso às necessidades do

---

50. Sasaki Roshi, Joshu (1983, p. 71)

próprio ego. Isso nunca é fácil e nem poderia ser. De fato, é a luta com essas dificuldades que ajuda a criar uma "identificação" maior com o cliente e permite compreensão e compaixão mais profundas em relação a sua luta. Estar no "entre" significa uma luta mútua, não de um contra o outro, mas de um *pelo* outro.

A PRESENÇA DO TERAPEUTA E O AQUI E AGORA

Numa abordagem espiritual/meditativa, o terapeuta esforça-se para estar tão totalmente presente quanto possível na situação de terapia. Isso significa estar, a cada momento, com qualquer coisa que emerja. A abordagem requer que o terapeuta suspenda seus julgamentos quanto ao material que o cliente deveria trazer e, até mesmo, quanto à direção que a terapia deveria seguir. Trata-se de "reverenciar o cotidiano" a que Buber se refere; ou seja, é o reconhecimento do "Agora eterno", da dimensão espiritual de cada momento — não importa quão aparentemente mundano ele possa ser. *Estar totalmente presente já é reverenciar.* Isso salienta nossa ligação com o Ser.

"Essa natureza mística da experiência comum pode ser vislumbrada quando estamos totalmente *aware* daquilo que está acontecendo realmente a cada momento, em vez de ficarmos fixados em nossas costumeiras preocupações centradas no ego. Qualquer coisa pode ser ocasião para um olhar intenso, ainda que de relance, voltado para a realidade, o outro lado de nossa percepção, normalmente encoberta e dispersa. Em tais momentos, podemos ficar *aware* de uma nitidez ou luminosidade em nossa experiência do mundo — uma folha sobressai-se como brilhante, verde, 'folhada' de uma forma nova, que, ao mesmo tempo, "não tem nada de nova", mas completamente comum. Obviamente, uma folha é ainda uma folha, como sempre tem sido, mas a profundidade de nossa abertura para a experiência mudou. Nestes 'pequenos despertares' temos um fugaz vislumbre de como, fundamentalmente, não estamos separados de toda vida. Descobrimos o mundo em nós mesmos e a nós no mundo". (Welwood, 1979, p. XIV)

Se o cliente perceber a presença "reverenciadora" do terapeuta, isso vai ajudá-lo a começar a se abrir para seu próprio reconhecimento do "Agora eterno". Essa abertura *já é uma criação do todo, uma cura.*

PARTINDO DE SI MESMO, SEM SE PRENDER

Assim que o cliente começa a se abrir para o sentido maior de "Self" (*versus* identificação com o próprio ego), percebe que, embora muito do trabalho tenha sido focalizado em seu próprio "self" individual, isso não abrange a "totalidade" da terapia. Se abrangesse, a terapia seria um trabalho extremamente narcisista. Um passo essencial em qualquer boa terapia é ajudar a pessoa a se tornar mais *aware* das outras pessoas e da necessidade de estar a serviço delas. O foco não é fazer o cliente tornar-se perpetuamente preocupado com seu self. Antes de tudo, o foco é nele mesmo, mas no sentido de desenvolver um centro que lhe permita "esquecer" sobre seu próprio self. Isso já é terapêutico, dada a hiperconsciência de si mesmo que a pessoa moderna tem e à qual tanto Buber (1965b) como Marcel (1960/1962a) se referem.

MEDITAÇÃO E FLUXO DO PENSAMENTO

Várias abordagens terapêuticas ensinam, implicitamente, a deixar fluir o pensamento (por exemplo, a livre associação em psicanálise); mas poucas, além das abordagens orientais, focalizam esse aspecto de forma explícita. Há momentos, com certos clientes e em determinadas fases da terapia, em que seria adequado ensinar-lhes a observar, vagarosamente, todas suas ações e pensamentos, sem se fixar neles. O cliente aprende a não ficar preso constantemente à agitação de uma atividade, mas antes observá-la apenas à medida que está acontecendo. (Deikman, 1983)

COMPAIXÃO

Se o terapeuta sente-se progressivamente mais ligado a um sentido expandido de realidade, também terá uma compaixão maior para com o cliente. Haverá um sentido maior da luta compartilhada.

Esta tem forma própria e única em cada pessoa, mas o fato de lutar, em si, é semelhante. Referindo-se à exploração do terapeuta de seu próprio ser através do processo de meditação, Walsh (1983) diz claramente que esse não é um esforço narcisista.

"Um dos resultados mais satisfatórios de todos tem sido o aumento da habilidade de contribuir para o alívio do sofrimento alheio. Uma coisa que tem se tornado muito clara é que não podemos empreender sozinhos, com sucesso, uma busca profunda para nosso entendimento e crescimento. Contrariamente a algumas concepções populares errôneas, esse tipo de exploração parece, no fim, conduzir em direção a preocupações narcisistas e egoístas. É verdade que trazemos conosco nossos hábitos e neuroses egoístas, quando iniciamos a jornada, e eu, certamente, passo pelas preocupações egoístas e pelo ego inflado. Presumivelmente, alguns de nós ficamos presos aí por longos períodos. Mas existe o perigo de confundir um estágio ou uma armadilha no caminho, com seu objetivo e possibilidades, assumindo que o caminho inteiro é uma armadilha". (p. 119)

UM SENTIDO EXPANDIDO DE "SELF"

A dimensão espiritual ou ontológica é importante para a terapia, porque muitas das dificuldades humanas surgem em função de um sentido de identidade inadequado e limitado. Com muita freqüência, identificamos nosso "self" com o corpo e "ego". Certamente, são um aspecto central de nosso self, mas são insuficientes. Somos também partes da "unidade do mundo". Um sentido de identidade limitado conduz a uma determinação desastrosa dentro do indivíduo.

"Ao reconhecer uma dimensão da própria identidade que vai além de seu ser individual e separado, uma pessoa pode mais facilmente ir além de sua neurose individual e separada. Ela não está mais identificado(a) exclusivamente com apenas esse self separado e, portanto, não está tão presa exclusivamente a problemas puramente pessoais. De certo modo, pode começar a deixar suas inseguranças e ansiedades, depressões e obsessões irem embora, começando a vê-las com a mesma clareza e imparcialidade com que se pode ver nuvens flutuando no céu, ou a água fluindo numa correnteza". (Wilber, 1979, p. 19)

7/

O Princípio Dialógico em Psicoterapia

> "A regeneração de um centro pessoal atrofiado...
> só pode ser alcançada por alguém que apreenda,
> com o olhar profundo do médico, a inteireza latente
> encoberta da alma sofredora."
> (Martin Buber)[51]

Há um conjunto significativo de livros sobre psicoterapia que evidencia a grande influência da filosofia do diálogo de **Martin Buber**. Este capítulo irá sugerir, também, que há um tema dialógico central entranhado em toda essa literatura. Este tema vagarosamente se firma no sentido de considerar o encontro dialógico como a base, o processo e o "objetivo" da terapia.

Não é nosso propósito aqui sugerir que todo terapeuta que tenha alguma vez falado sobre a dimensão dialógica na terapia haja sido diretamente influenciado por Buber. Certamente, existem algumas pessoas que têm explorado o "entre" a seu modo, ao serem escrupulosamente fiéis ao encontro terapêutico. A maioria dos que serão citados foram diretamente influenciados pelos escritos de Buber e fizeram da experiência do "EU-TU" um aspecto importante

---

51. Buber (1923/1958b), p. 133.

de sua terapia ou teoria. Somente alguns poucos foram mais longe, ao entender o dialógico como a *fundamentação* para a vida e para o encontro terapêutico. Seria impossível até mesmo começar a citar aqueles que foram indiretamente atingidos por sua obra. O trabalho seminal* de Buber, *EU e TU* (1923/1958b), tem inspirado diversas gerações de terapeutas. Em contribuições posteriores (1952/1957a, 1952/1957b, 1958c, 1965a, 1965b, 1967) ele explorou alguns exemplos de como uma filosofia dialógica pode ser aplicada à psicoterapia. Sua influência sobre os terapeutas tem sido muito difundida. Infelizmente, muitos terapeutas têm utilizado na terapia somente a noção do momento "EU-TU", sem incorporar as implicações de uma filosofia dialógica mais abrangente.

O analista junguiano Hans Trüb foi um pioneiro que se empenhou na compreensão do dialógico na psicoterapia. Após um encontro pessoal profundamente emocionante com Buber, Trüb atravessou uma longa década de crise reavaliando sua abordagem na terapia. Finalmente, concluiu, de forma clara, que o processo da psicoterapia precisava estar fundamentado no "entre", no encontro de pessoa com pessoa. Denominou essa abordagem de "cura pelo encontro" (Trüb, 1952/1964). Trüb distinguiu duas fases essenciais na terapia: a *intrapsíquica-dialética e a interpessoal-dialógica*. Não são distinções rígidas e inflexíveis, mas indicam um certo foco da terapia em estágios diferentes.

Maurice Friedman foi o principal porta-voz do enfoque da relação terapêutica sob a perspectiva dialógica. Seus esforços têm servido para fundamentar de forma singular vários pontos de vista discrepantes na filosofia da "cura pelo encontro" (Friedman, 1985a). Por mais de trinta anos, seus escritos têm tratado continuamente de questões importantes da psicoterapia sob essa perspectiva (Friedman, 1955, 1972a, 1975, 1976b, 1985a). Isso culminou em um trabalho animador, *The Healing Dialogue in Psychotherapy* (Friedman, 1985a). Na discussão exaustiva e erudita da Seção I desse volume, ele ressaltou a linha dialógica que se entrelaçou nos sistemas terapêuticos desde Freud até os dias atuais. Seu livro é, na verdade, a história mais

---

* Seminal refere-se à semente. Também tem o sentido de original, produtivo. Mantivemos "seminal" por acreditarmos que o livro *EU-TU* de Martin Buber foi realmente uma semente. (Nota das tradutoras)

abrangente do princípio dialógico nos sistemas psicoterapêuticos[52]. Ao realizá-lo, ele deixou uma sedimentação sólida para a exploração da psicoterapia dentro do contexto dialógico. Friedman também explorou alguns dos principais temas que surgiram desse ponto de vista. Isto tem como conseqüência uma reavaliação radical da compreensão do inconsciente, considerado não apenas como um inconsciente pessoal, mas como um fenômeno que ocorre *entre* pessoas. Ele discute, além disso, questões importantes como os sonhos, a confirmação, a culpa, a mutualidade e a inclusão, dentro de um contexto dialógico.

Partindo desse trabalho criativo, tentei trazer o mesmo ponto de vista para uma visão terapêutica unificada e propus que constituísse uma abordagem distinta que pode ser melhor descrita como "psicoterapia dialógica"[53]. DeLeo (1984, 1985, 1987) contribuiu para essa tentativa de sedimentação e começou um trabalho importante de integração da abordagem dialógica com a psicanálise. Downing (1987) explorou o tema de como a dimensão dialógica pode fornecer fundamentação para a revisão da psicologia da mulher e proporcionar as bases para uma psicologia verdadeiramente feminista.

É difícil encontrar um terapeuta de linha existencial que não

---

52. O trabalho de Stanton é inestimável para uma descrição mais abrangente das contribuições de Friedman para este movimento.

53. É notável que esse modo de entender a psicoterapia dentro do contexto do dialógico desenvolveu-se suficientemente para garantir o estabelecimento de uma organização e encorajar seu desabrochar contínuo. De fato, é um ponto decisivo na história de uma idéia, quando ela ocorre. No início de 1984, foi fundado o Instituto de Psicoterapia Dialógica em San Diego, com o propósito de treinar psicoterapeutas na teoria e na prática da psicoterapia dialógica. (O nome original em 1984 era "Instituto de psicoterapia dialógica-existencial". O nome foi mudado em 1986 para enfatizar a natureza distinta dessa abordagem.)

O primeiro simpósio anual de Psicoterapia Dialógica-Existencial aconteceu no início de 1985. O orador que deu a tônica neste simpósio foi James F. T. Bugental. Erving e Miriam Polster ocuparam a mesma posição na Conferência de 1986. Rollo May em 1987. Bugental mais uma vez em 1988. Em 1989, Irvin Yalom baseou sua apresentação em um trabalho a ser ainda publicado: *Loves' Executioner and Other Tales of Psychotherapy*.

Em 1987, o Instituto publicou o primeiro volume de sua revista, *Perspectives: The Journal of Dialogical Psychotherapy*. Também em 1987, sem conexão com o Instituto, houve um encontro auspicioso em Washington, intitulado "Buber e a Psicologia: em direção a uma psicologia da cura pelo encontro". Muitos psicoterapeutas importantes nos Estados Unidos que aplicam correntemente o pensamento de Buber à psicoterapia estavam na platéia. Mais tarde naquele mesmo ano ocorreu um encontro semelhante em Israel. O ano de 1989 foi significativo, pois foi iniciado pelo Instituto o primeiro Programa de treinamento anual em psicoterapia dialógica.

tenha incorporado a idéia da relação "EU-TU" na terapia. Entre eles estão: Binswanger (1944/1958), Von Weizsacker (1949/1973), May (1958), Farber (1966/1967), Colm (1966) e Laing (1965). Merecem menção especial os importantes trabalhos de Yalom. Em *Everyday Gets A Little Closer* (1974), ele explora simultaneamente a experiência do cliente e a do terapeuta, focalizando ambos em seus encontros e desencontros. Sua obra mais importante, *Existential Psychotherapy* (1980), é uma das mais claras investigações da dinâmica existencial na vida moderna e na psicopatologia. *Love's Executioner, and Other Tales of Psychotherapy* (1989) é um exemplo excelente do diálogo genuíno em psicoterapia. Yalom tem inúmeras vezes reiterado que "é a relação que cura" (1980, p. 401). Yalom mencionou, além disso, que o conceito de Buber de "entre" é um conceito que o ajuda muito. "...Há ocasiões em que realmente me vejo trabalhando no 'entre' meu e dessa pessoa, nosso trabalho está lá, em algum lugar, no meio de nós, não está dentro de mim e nem dentro da outra pessoa" (Hycner, 1989).

Também é necessário fazer uma menção especial ao trabalho de Bugental (1976), *The Search for Existencial Identity: Patient-Therapist Dialogues in Humanistic Psychotherapy*. É um estudo extraordinário de experiências que ocorrem *entre* cliente e terapeuta. Bugental (1985) afirmou que seu pensamento foi significativamente influenciado pela leitura do livro *The Healing Dialogue in Psychotherapy*, de Friedman. Anteriormente, ele havia levantado a hipótese de que a cura em terapia estava centrada na *awareness* individual do cliente. Reconhece atualmente que pode haver duas fontes de cura — a relação dialógica e a *awareness* individual do cliente. De fato, referindo-se à relação EU-TU, ele afirmou que: "É a fusão ou junção de energias... para a maioria das pessoas com quem tenho trabalhado, esse é o caminho necessário, literalmente obrigatório, para abrir o acesso para níveis não explorados dentro delas" (Hycner, 1989).

Embora a maioria das teorias de terapia familiar implicitamente procure tratar o "entre" a partir de uma abordagem sistêmica, uma contribuição especial foi dada por Boszormenyi-Nagy e Spark (1973), ao aplicarem explicitamente a teoria relacional de Buber à terapia familiar. O trabalho foi mais tarde ampliado por Boszormenyi-Nagy e Krasner em seu livro *Between Give and Take: A Guide to*

Contextual Therapy (1986). Krasner continuou este trabalho no Center for Contextual Therapy and Allied Studies[54].

A dimensão relacional da terapia sempre foi um aspecto central do pensamento de Rollo May (1981, 1983). Isso fica claramente demonstrado na discussão de como o conceito psicanalítico de transferência precisa ser aprofundado, colocando-o dentro de um contexto relacional. A compreensão da transferência como um fenômeno relacional nos impulsiona para além de uma visão individualista do self. "A transferência, bem como outros conceitos de Freud, ampliam muito a esfera e a influência da personalidade; *nós vivemos nos outros e eles vivem em nós"* (1983, p. 18, grifos do autor). A afirmação assemelha-se ao comentário de Buber (1965a) de que "os dois participam de fato um da vida do outro, não fisicamente, mas onticamente" (p. 170). Este conceito tem implicações *enormes* para nossa imagem da pessoa e nossa compreensão da personalidade. Como psicoterapeutas, não podemos mais ver os seres humanos como *entidades psicológicas isoladas*[55], divorciados de qualquer interligação inerente com os outros. Rollo May vai mais além ao afirmar:

> "Mas, na terapia existencial, a 'transferência' é colocada dentro do novo contexto de um acontecimento que ocorre dentro de *um relacionamento verdadeiro entre duas pessoas*. Quase tudo o que o paciente faz face a face com o terapeuta, em um dado momento, contém um elemento de transferência. Mas nada é jamais 'apenas transferência' a ser explicada ao paciente, como se faria com um problema de aritmética". (1983, p. 160)

A obra de Buber teve grande impacto na psicologia humanista. Rogers (1969) e Jourard (1968) destacam-se em particular. É digna de nota a famosa discussão pública entre Buber e Rogers, em 1957, quando foram comparadas as muitas similaridades e algumas diferenças cruciais entre suas filosofias (Buber, 1965b). Embora ele tenha chegado a muitos de seus pontos de vista quase que independentemente,

---

54. Endereço: King of Prussia, Pennsylvania, 19406, USA.
55. Este aspecto, certamente, também vem sendo explorado pela terapia familiar.

Rogers afirmou, de forma explícita, que seu pensamento havia sido influenciado pela leitura de Buber.

"Martin Buber, o filósofo existencialista da Universidade de Jerusalém, tem um termo, 'confirmação do outro', que faz sentido para mim... Se aceito a outra pessoa como algo fixo, já diagnosticado e classificado, já modelado pelo seu passado, estou cumprindo a minha parte para confirmar essa hipótese limitada. Se o aceito como um processo de tornar-se, estou fazendo o que posso para confirmar ou tornar real suas potencialidades." (1958/1961, p. 55)

Além disso, Rogers acreditava que "é a *qualidade* do encontro interpessoal com o cliente que constitui o elemento mais significativo na determinação de sua eficácia" (1967, p. 85). Ele também descreveu o encontro genuíno entre pessoas nos seguintes termos:

"Naqueles raros momentos em que a realidade profunda de uma pessoa encontra a realidade profunda da outra, dá-se a memorável 'relação EU-TU', como a chamaria Martin Buber, o filósofo judeu existencialista. Um encontro pessoal dessa espécie, profundo e mútuo, não acontece com muita freqüência; mas estou convencido de que, se ele não ocorre ocasionalmente, não somos humanos. (1969, p. 232)

Num artigo inesquecível sobre o famoso caso de Ellen West, descrito por Ludwig Binsẅanger[56], Rogers comentou que talvez Ellen West tenha cometido suicídio porque "ela nunca experienciou o que Buber chamou de 'cura pelo encontro'. Não havia alguém que pudesse se encontrar com ela, aceitá-la como era" (1980, p. 175).

Outro psicólogo humanista, Abraham Maslow (1964, 1968, 1969, 1971), embora não fosse terapeuta, causou um grande impacto no pensamento de muitos terapeutas. Ele via a relação "EU-TU" como a dimensão central do que ele chamava de "experiências culminantes". Foi ainda mais longe ao aplicar as dimensões "EU-TU" e "EU-ISSO"

---

56. É interessante observar que Binswanger não foi terapeuta de Ellen West. Ele reconstruiu o caso a partir de arquivos e o reconceitualizou em termos existenciais.

a diferentes tipos de conhecimento, inclusive à pesquisa científica[57]. Vários terapeutas junguianos também absorveram o encontro "EU-TU" como um foco importante na terapia. É uma evolução especialmente interessante, dada a troca de artigos entre Buber (1952a,1952b) e Jung (1956), onde foram expressadas suas diferenças. Entre alguns junguianos que têm tentado esta integração estão: Sborowitz (1948), Trüb (1952/1964), Spiegelman (1965,1962) e, recentemente, Jacoby (1984). Este vê o encontro "EU-TU" como a dimensão central na psicoterapia junguiana. Ele equipara o conceito de transferência a uma atitude "EU-ISSO". Referindo-se às atitudes "EU-TU" e "EU-ISSO" na terapia, ele acredita que:

"Ambas as atitudes, como em qualquer relacionamento, fazem parte das interações entre analista e analisado e temos que tentar agora diferenciar entre transferência e relacionamento humano genuíno, da forma que podem ocorrer na sessão analítica. Em geral, falamos de relacionamento humano quando a atitude EU-TU é, até certo ponto, dominante; e de transferência, quando a outra pessoa é inconscientemente experienciada como um Isso." (1984, p. 73)

Ele considera tão importante a capacidade do analista para o encontro genuíno que, ao descrever as várias qualidades necessárias para um profissional ter sucesso na terapia, chega ao ponto de dizer: "Mas talvez o mais importante seja a capacidade para formar um relacionamento EU-TU, conforme descrito nos dois últimos capítulos. Perceber o paciente e relacionar-se com ele em sua alteridade própria é sem dúvida o dom determinante do analista" (1984, p. 91).

Dentro da teoria das relações objetais, tem havido muitos teóricos que vêem a necessidade de complementar a ênfase intrapsíquica de sua teoria com um entendimento mais dialógico. O mais proeminente entre eles é Harry Guntrip. Com relação à natureza dialógica da psicoterapia, ele diz:

"A psicoterapia visa a cura através do relacionamento verdadeiro entre dois seres humanos como pessoas. Nela, a relação

---

57. Maslow, A. (1969). "Interpersonal (I-Thou) Knowledge as a Paradigm for Science."

psicopatológica do ego com seus objetos internos, conforme revela-se na transferência, entra em processo regular de mudança para a realidade saudável da pessoa objetivamente verdadeira, ou para relações de ego a ego; o paciente consegue essa mudança primeiro com o terapeuta, tornando-se depois capaz de estendê-la ao resto de sua vida." (Guntrip, 1969, p. 388)

Ele vai mais longe: afirma que um relacionamento saudável requer uma mutualidade plena entre pessoas. Ainda mais radicalmente, aponta o fracasso da teoria das relações objetais na conceituação adequada da imensa complexidade dos relacionamentos pessoais verdadeiros. Guntrip (1969), referindo-se à natureza inter-humana das pessoas, afirma:

"Cada um segue existindo e se tornando em função do que o outro é, e torna-se no curso de suas interações pessoais e conhecimento mútuo. A teoria das relações objetais ainda não conceituou isso adequadamente. Hoje ela tem uma teoria verdadeiramente psicodinâmica do desenvolvimento do ego individual nas relações pessoais, mas que não é aplicável ao fato complexo da própria relação pessoal entre dois egos". (p. 389)

No que concerne aos propósitos desse capítulo, Guntrip, nas páginas finais de um de seus trabalhos mais importantes, assim se refere à escola das relações objetais:

"Mas a teoria ainda não conceituou devidamente a relação 'EU-TU' de Buber: duas pessoas sendo ego e objeto uma para a outra, ao mesmo tempo; e de tal forma que a realidade delas como pessoas torna-se, ao se desenvolver na relação, o que nenhuma delas se tornaria se não estivessem em relação." (1969, p. 389)"

Esta é uma crítica radical que precisa ser levada a sério. Ticho (1974) e Brice (1984) estão entre aqueles que se envolveram na tarefa de integrar a teoria das relações objetais com a filosofia de Buber. Brice (comunicação pessoal) levou adiante o estudo da relação da filosofia dialógica com o pensamento radical do psicanalista francês Jacques Lacan. Recentemente, Stolorow (1984); Stolorow, Brandchaft & Atwood (1983) e Ulman & Stolorow (1985) fundamentados na tradição de Kohut, deram uma contribuição extremamente importante: trataram da teoria psicanalítica do self sob o foco da dimensão intersubjetiva na psicoterapia. Atwood & Stolorow (1984) mencionaram terem sido influenciados pela obra de um dos professores de Buber, Wilhelm Dilthey. De fato, eles chegam ao ponto de afirmar que "o analista está *aware* da natureza da interpretação em conseqüência 'da redescoberta do EU e do TU' (Dilthey)..." (1984, p. 6).

A Gestalt-terapia tem sido significativamente influenciada por Buber, embora não tenha conseguido absorver as enormes implicações de seu pensamento. Levitsky e Perls (1970) sintetizaram a Gestalt-Terapia afirmando que ela tem seu foco no "EU e TU e no aqui e agora". Laura Perls (1976) afirmou que um encontro pessoal com Buber teve uma influência muito importante em sua terapia.[58] Uma menção especial deve ser feita a Erving e Miriam Polster (1973, 1986). Eles não subscrevem explicitamente uma filosofia dialógica formal. Entretanto, mais que a maioria de seus colegas, incorporam claramente em sua prática e teoria a atitude de "cura pelo encontro". Isso ficou explicitamente ressaltado em uma entrevista conduzida por Hycner (1987). Jacobs (1978, 1987) escreveu eloqüentemente sobre o "EU-TU" como a peça central da Gestalt-terapia e Yontef (1981) conceituou a Gestalt-terapia como um "método dialógico". Hycner (1985a) continuou o trabalho de fundamentação no sentido de colocar a Gestalt-terapia dentro do contexto da abordagem dialógica. De fato, parece que existe um movimento entre alguns Gestalt-terapeutas para reconceituar a Gestalt-terapia dentro de um entendimento da relação primeira "EU-TU"[59].

Marshal Rosenberg[60] elaborou uma aplicação original da relação

---

58. Isso foi reiterado em uma discussão pessoal com Laura Perls em setembro de 1987, em Colônia, Alemanha.

59. Uma evolução posterior interessante foi o fato de a conferência de Gestalt-terapia de 1989, patrocinada pelo *Gestalt Journal,* ter escolhido como tema "a relação EU-TU em Gestalt-terapia."

60. Marshal Rosenberg mencionou (numa apresentação no Instituto de Psicoterapia Dialógica em 1988) que foi fortemente influenciado pela filosofia de Buber. Isso foi reiterado em uma conversa pessoal (março, 1990). Escutando Marshal e interagindo com ele, fico sempre

EU-TU de Buber e da filosofia dialógica. Em parte por causa da forte influência do pensamento de Buber, ele desenvolveu uma abordagem para a pessoa leiga que chama de "comunicação compassiva". É um exemplo maravilhoso da atitude dialógica na vida diária. Há pouco tempo, tomei conhecimento do trabalho de Tamar Kron, um psicólogo israelense que tem demonstrado interesse especial na aplicação da filosofia do diálogo de Buber nas relações entre árabes e judeus (1990), assim como em modalidades terapêuticas comuns, tais como grupos de terapia (1987).

Tem havido também algumas teses interessantes que apontam em direção a uma psicoterapia dialógica. Para mencionar apenas algumas, incluem-se aí Archambeau (1979), Gillis (1979), Stanton (1978) e Young-Rose (1984). É particularmente interessante notar que uma tese de Sall (1978) trazia o sugestivo título de *Toward a Psychotherapy of Dialogue*. Mais recentemente, Graf-Taylor (1990) explorou o fenômeno da experiência do cliente em relação à liberdade em psicoterapia a partir de um enfoque dialógico, e Spencer (1990) está investigando o fenômeno da vergonha a partir de um ponto de vista tanto dialógico como experimental.

Há, com certeza, muito mais literatura que poderia ser mencionada. Seria desejável que esta breve revisão tenha demonstrado que existe um corpo literário substancial através do qual corre o fio central da "cura pelo encontro".

---

impressionado com a congruência entre o que ele diz e como ele é com as pessoas. Maiores informações podem ser obtidas através do "Center for Nonviolent Communication, 3229 Bordeaux, Sherman TX, 75090."

PARTE III

APLICAÇÃO

"Os limites da possibilidade do diálogo
são os limites da consciência."
Martin Buber [61]

---

61. Buber (1965a), p.10.

8/

Entrando no Mundo do Cliente

"Entrar realmente no mundo do outro,
com aceitação, cria um tipo de vínculo muito
especial que não se compara a nenhuma
outra coisa que eu conheça."
Carl Rogers [62]

É inerente à abordagem dialógica a disponibilidade do terapeuta para entrar, o mais completamente possível, na experiência "subjetiva" do cliente. No âmago de nossa existência, cada um de nós incorpora um mundo de significados únicos dentro de um contexto de significados socialmente aceitos. Assim, somos confrontados com um dos maiores dilemas da existência humana: *Somos todos únicos e, ainda assim, somos todos semelhantes.*

Às vezes, entretanto, nossas experiências individuais são *radicalmente* únicas. Este é um dos maiores desafios para o psicoterapeuta: como ele pode entender e apreciar completamente o significado, a abrangência e a profundidade da experiência "subjetiva" de outra pessoa? A perplexidade torna-se maior quando a experiência do cliente diverge significativamente daquela do terapeuta. É um

---

62. Rogers (1986). Entrevista com Carl Rogers gravada em vídeo por Warren Bennis.

desafio que tanto fascina como intriga. É um desafio que *nunca* pode ser enfrentado despreocupadamente.

A suposição da abordagem dialógica é que os bloqueios neuróticos ou "interferências" surgiram, ao menos em parte, porque outras pessoas não foram capazes de entender, de considerar e de valorizar a experiência dessa pessoa. Em conseqüência, ela não pôde sentir-se confirmada[63] e, portanto, capaz de apreciar e valorizar sua própria experiência. Considerando-se vicissitudes naturais da existência humana, nenhum de nós recebe o reconhecimento completo e a confirmação total que nos são necessários. Assim, cada um de nós desenvolve vulnerabilidades individuais baseadas em nossas vulnerabilidades existenciais inatas. Todos nós temos feridas não cicatrizadas.

A necessidade de entender e de ser responsivo às experiências dos clientes é salientada pelas descobertas da psicologia do self. Por exemplo, Atwood e Stolorow (1984) propõem: "Patogênese, na perspectiva intersubjetiva, é compreendida em termos de fragmentações severas ou assincronias que ocorrem entre as estruturas subjetivas dos pais e da criança. Em conseqüência, as necessidades primárias do desenvolvimento da criança não encontram a responsividade exigida dos objetos do self" (p. 69). O significado disso, do ponto de vista intersubjetivo, é que determinada patologia surge porque não houve confirmação suficiente por parte das figuras parentais no estágio inicial do desenvolvimento[64]. O terapeuta, portanto, deve estabelecer uma aliança e um vínculo — um vínculo bem íntimo — com esse cliente. O cliente necessita *experienciar* profundamente em seu íntimo que o terapeuta o compreende ou, pelo menos, que está fazendo um esforço humanamente possível para compreendê-lo. É somente a disposição dos dois participantes de se engajarem neste tipo de aliança e vínculo que irá permitir que o ambiente terapêutico seja verdadeiramente curativo.

O terapeuta é solicitado a responder à vasta extensão das

---

63. Ver também a discussão anterior no capítulo 4 sobre a questão da confirmação *versus* aceitação.

64. Isso *não* é para culpar as figuras parentais, mas para reconhecer com compaixão que eles também devem ter tido uma educação inadequada. Acima e além disso, isso reconhece a unicidade existencial inerente dos pais, da criança e as fragmentações necessárias que devem ocorrer nas interações humanas comuns.

experiências humanas. Isso requer abertura, flexibilidade substancial e um talento artístico de mestre. Para dar alguns exemplos concretos e simples: no decorrer de uma tarde, você pode vir a ser solicitado a perceber em profundidade a visão de mundo de um menino de nove anos de idade, cujos colegas de escola debocharam dele por causa de seu peso; ou como é ser uma pessoa de meia-idade angustiada pela dor crônica, ou um jovem e talentoso músico que não pode se apresentar em público por causa de uma doença que o incapacita. Em cada caso, os significados individuais e únicos dessas pessoas serão inevitavelmente moldados por suas formas diferentes de ser-no-mundo. O desafio do terapeuta é responder a elas.

PRESENÇA

"O que esperamos quando estamos desesperados e, mesmo assim, procuramos um outro homem? Certamente uma presença, por meio da qual somos informados de que, apesar de tudo, há significado".

Martin Buber [65]

Para poder entrar no mundo do cliente, o terapeuta deve, em primeiro lugar, estar completamente "presente" para o cliente. James Bugental chama a presença de "o ingrediente essencial da terapia"[66]. Além disso, ele assinala que a presença não é, de maneira alguma, o mesmo que o *rapport* (1987, pp. 46-47). É preciso alguma coisa a mais do que "mero" *rapport*. O terapeuta não deve ser apenas amigável, mas deve estar disposto a efetivamente contribuir com seu próprio Self para o encontro. Há um grande mal-entendido sobre todo o conceito de presença. Isso ocorre porque a presença *não* pode ser técnica. Ela é um reconhecimento do mistério e da permeabilidade de nossa existência. Ela é a *awareness* de que toda a categorização e rotulação interferem no revelar genuíno daquilo que é mais vulnerável, real e essencial no ser humano.

De forma alguma a presença pode ser descrita como o simples

---

65. Buber (1973) p. 46.
66. Idéia básica do discurso proferido na Primeira Conferência Anual sobre Psicoterapia Dialógica, San Diego, CA, 1985.

estar junto fisicamente, embora o estar junto físico seja, certamente, a preliminar para o sentido de presença. É muito difícil discutir esse conceito essencial de presença, porque não se presta a qualquer entendimento objetivo ou descrição clara. Mesmo assim, nós todos temos um senso intuitivo do que ela significa. Todos sabemos quando a experienciamos. É estar o mais completamente disponível para a outra pessoa num dado momento — sem a interferência de considerações ou reservas. É a consciência que se dirige completamente ao "processo de existir" da outra pessoa. Isso requer que o terapeuta esteja atento à experiência do cliente, mas, simultaneamente esteja atento à sua própria existência. Tal presença "exige" que o terapeuta fique no "momento fértil"[67] e permita que o encontro desenvolva-se a partir disso. O fluxo natural da experiência humana tenderá a levar o terapeuta de um momento da situação presente ao momento seguinte. Entretanto, o nosso treinamento cognitivo nos tirará, freqüentemente, dessa centralização no presente. A reflexão pode, com muita facilidade, tirar-nos do momento presente e empurrar-nos para o passado ou para o futuro, ocupados mais com fantasias — aqueles fantasmas sombrios, fugazes — do que pela carne e o sangue de pessoas reais.

É claro que o impulso principal é no sentido de tentar trazer-se de volta para estar tão plenamente presente quanto possível. Quando não estou fazendo isso, descubro que perco oportunidades muito especiais de lidar com essa pessoa e a terapia de formas que não me ocorreriam de outra maneira. Essa centralização-no-presente é o que mantém o processo da terapia totalmente vivo. É algo parecido com navegar nas corredeiras de um rio — é preciso estar o tempo todo fluindo junto e respondendo a cada momento às mudanças em andamento. Esse sentimento pleno de vida contribui ainda mais para a cura, considerando que todos nós, pelo simples fato de sobrevivermos em uma sociedade imensamente complexa, pagamos por isso o preço da diminuição da nossa presença. Quando a presença é diminuída, o sentimento de plenitude da vida também sofre.

---

67. Os gregos antigos falam do senso de "kairos", o "momento eterno". Ver também os trabalhos escritos de Rollo May.

SUSPENDENDO OS PRESSUPOSTOS: "COLOCAR ENTRE PARÊNTESES"

O terapeuta não pode entrar verdadeiramente no mundo do cliente e estar "presente", a menos que esteja disposto a "suspender" seus pressupostos, sua própria visão de mundo e conceitos tanto quanto for humanamente exeqüível no momento. É claro que não se pode nunca suspender *completamente* as próprias perspectivas, e nem seria desejável. Mas é necessário que nossos significados, vieses e preconceitos sejam "colocados entre parênteses"[68], postos de lado *temporariamente,* de modo a nos permitir uma entrada no mundo e nos conceitos mais significativos da pessoa com quem estamos trabalhando. Rollo May trata disso com sensibilidade, quando diz:

"O uso de si próprio como instrumento exige, é claro, uma tremenda autodisciplina por parte do terapeuta... Na verdade, quero dizer que a autodisciplina, a autopurificação (se assim vocês a entendem), colocar entre parênteses as próprias distorções e tendências neuróticas, até o limite possível para um terapeuta, parecem-me resultar em torná-lo capaz — em maior ou menor grau — de experienciar o encontro como uma forma de participar dos sentimentos e do mundo do paciente." (1983, p. 23)

Para poder colocar entre parênteses seus pressupostos, o terapeuta precisa empenhar-se no "esvaziamento" psicológico de seus conceitos tidos como verdades. Isso poderia ser descrito como um momento "meditativo" da parte do terapeuta, que permite que as possibilidades únicas e ricas do cliente floresçam em nossa presença. O zen-budismo enfatiza a necessidade de nos "esvaziarmos" de modo a receber verdadeiramente a "realidade". De forma similar, o terapeuta precisa tornar-se muito "aberto". Em outras palavras, de modo geral somos "inteligentes" *demais*: temos pensamentos *demais*, coisas *demais* acontecendo conosco, de modo que há pouco espaço para sermos receptivos ao novo, ao *único,* à *alteridade.*

---

68. O famoso *"epoché"* de Edmund Husserl.

Como terapeutas, freqüentemente empenhamo-nos excessivamente em análises, temos categorias demais. Por exemplo, sabemos o que é esquizofrenia, sabemos o que é um distúrbio de personalidade, sabemos o que é um déficit de atenção, mas não sabemos *quem é aquela* pessoa em particular, sentada ali à nossa frente e que está nos mostrando algumas dessas características. Nunca trabalhei com alguém que se tenha encaixado estritamente nesses diagnósticos. Por longo tempo pensei que havia algo errado com minha competência para clinicar. Concluí é que era muito fácil estereotipar certos estados supostamente denominados patológicos. Essa tentação é sempre muito forte para o clínico. Mesmo assim, deve-se resistir a ela, a fim de poder "ver", verdadeiramente, a unicidade desse cliente. Um diagnóstico é uma maneira abreviada de descrever um padrão que pode ser muito útil; ainda assim pode, com a mesma facilidade, ocultar a realidade existencial daquela pessoa.

A nomenclatura *nunca* pode nos dar a pessoa. É sempre tarefa do terapeuta adaptar sua compreensão nomotética[*] à pessoa única com quem ele está lidando, ou seja, ser receptivo a qualquer realidade que emerja — nunca decidindo com antecedência o que será dito ou o que ocorrerá. Sem dúvida, isso viola nossa tendência geral de rotular analítica e prematuramente cada experiência — até mesmo as experiências tão íntimas que não se prestam a rótulos.

Um exemplo simples, mas interessante, poderá ser instrutivo. Ao trabalhar com uma mulher, cujas fronteiras de identidade não eram bem desenvolvidas, sentei-me na cadeira bastante inclinado para a frente. Isso aconteceu durante uma sessão em que eu estava especialmente interessado no que ela dizia. De repente, havia uma expressão de horror em seu rosto! Não estando *aware* do significado de espaço físico que me separava dessa pessoa, minha inclinação para a frente ameaçava-a com a possibilidade de ser "engolida". Se eu não tivesse assumido implicitamente meus próprios significados de fronteiras espacial e psicológica, eu teria me dado conta disso e evitado a situação ameaçadora para ela. Uma resposta para isso, é claro, seria que minha inclinação para a frente simplesmente fez

---

[*] Nomotética diz respeito às leis ou aos processos de fazê-las. No texto, pode ser entendido como referindo-se às categorias da psicologia ou psiquiatria. Caldas Aulete, *Dicionário Contemporâneo da Língua Portuguesa*. (Nota das tradutoras)

surgir questões transferenciais na terapia. Certamente isso acontece, mas o aspecto principal é que muito provavelmente terei uma compreensão mais profunda dessa pessoa, um contato melhor e uma relação mais significativa com ela, quando tiver suspendido meus próprios valores e "experienciado" o mundo do ponto de vista do meu cliente.

Um exemplo um pouco mais complexo ocorreu quando eu estava trabalhando com um garoto de nove anos de idade e sua mãe. Inicialmente, tinham me procurado por causa dos problemas de comportamento do garoto. Mais especificamente, ele estava *acting out**. Tratava-se de um garoto que tinha muito poucos amigos na escola. Na verdade, era do tipo solitário, e a família tinha se mudado para a cidade recentemente. Após um certo número de sessões, ele começava a se comportar bem melhor. A terapia caminhava bem até o dia em que sua mãe apareceu muito perturbada. O filho tinha ido de bicicleta para a escola, por uma rua muito perigosa, quando ela já o proibira explicitamente de fazê-lo. A mãe, muito aborrecida, achava que ele estava regredindo. Era essa a opinião dela, e minha reação imediata como adulto foi de realmente achar que ele estava sendo desobediente e *acting out*. Quando sentamos e conversamos com ele, já estávamos em condições melhores para ouvir seu ponto de vista. Contou-nos que, para ele, ir de bicicleta tinha um significado muito diferente. Naquele momento específico, era moda entre os mais novos ir de bicicleta para a escola. Era uma questão de identidade, como usar as roupas "certas". Na verdade, se ele não fosse de bicicleta não "faria parte do grupo", ficaria no ostracismo, seria um forasteiro. Não seria "um membro da turma". Esse menino, que já se sentia isolado e excluído, estava sendo solicitado por sua mãe, despercebidamente, a isolar-se mais! Olhar a experiência do ponto de vista dele fez a desobediência começar a fazer mais sentido: representava uma perda de "identidade", bem como o *desejo desesperado de fazer parte do grupo*.

Essa é, freqüentemente, uma das maiores tensões na terapia e na

---

* *"Acting out"*: termo aplicado usualmente ao comportamento agressivo, impulsivo e, em termos gerais, anti-social. Tem sentidos específicos em várias abordagens psicoterápicas e na psicanálise. (Alvaro Cabral e Eva Prick, *Dicionário Prático de Psicologia*, Ed. Cultrix.) (Nota das tradutoras)

vida — cada pessoa experiencia cada situação de forma única. A tarefa do terapeuta é *descobrir* e entender qual o significado de um evento para aquela pessoa em particular. Falhar nisso cria o que Buber chamaria de "desencontros", ou o que Atwood e Stolorow chamam de "disjunções intersubjetivas". Há algumas conseqüências fundamentais nessas falhas de compreensão. "Uma conseqüência imediata é que as intervenções terapêuticas serão dirigidas a uma situação subjetiva, que de fato não existe, e tenderão a produzir efeitos e reações que, da posição superior do analista, parecem incompreensíveis" (Atwood e Stolorow, 1984, p. 50). É óbvio que isso pode trazer sérios desencontros e mal-entendidos na relação terapêutica. De fato, é o que ocorre o tempo todo.

Além disso, muitos dos assim chamados padrões patológicos passam também a fazer sentido, se você começa a compreender o significado do ponto de vista da pessoa, de como é a vida dela. Mesmo que esse esforço não esclareça a experiência — embora isso ocorra freqüentemente —, ele transmite o desejo do terapeuta de colocar de lado seus próprios valores, crenças e preconceitos, de modo a entrar na perspectiva subjetiva da pessoa — de forma a "sentir o que ela sente." A autenticidade de tal esforço é percebida, e com freqüência, profundamente sentida e apreciada pelo cliente. Cada um de nós, nos recantos mais profundos de nosso ser, clama desesperadamente por ser confirmado. É uma de nossas grandes necessidades existenciais — sermos profundamente compreendidos por outro ser humano. Escondemos tanta coisa e construímos barreiras protetoras tão fortes porque não nos sentimos compreendidos. Podemos, de fato sentir que *ninguém* pode nos compreender. Em um sentido mais limitado, isso é verdade. Ainda assim, outra pessoa *pode* compreender aspectos importantes de nossa vida. Não há nada mais terrível do que o sentimento de que estamos completamente sós e que ninguém nos compreende.

UM SENTIMENTO DE ADMIRAÇÃO

Pré-julgar é cortar a emergência de novas possibilidades. O terapeuta deve estar sempre disponível para se surpreender — não em função de sua "ingenuidade", mas por não pressupor precipitadamente o que aconteceria. São necessárias "admiração ingênua" muito sofisticada e astúcia profissional para manter-se em sua posição e, ainda assim, ser constantemente surpreendido pelo que é. Para fazer uma terapia que seja realmente responsiva às necessidades do cliente, o terapeuta tem que ter um sentimento de admiração — tem que se permitir ficar surpreso. É preciso uma abertura para o que Van Dusen (1967) chama de "vazio fértil".

Cada pessoa é como um poema esperando para ser escrito. O psicoterapeuta deve ecoar o ritmo e a rima muito especiais dessa forma de arte nascente. Freqüentemente, esse "poema" esteve escondido por anos de experiências torturantes e infelizes. É necessário uma grande abertura amorosa para que o belo emerja. A poesia genuína não pode ser enquadrada em uma métrica que não lhe seja própria. Essa abertura verdadeira para a beleza do outro não pode ocorrer se o terapeuta mantém concepções significativamente divergentes de quem o cliente é ou deveria ser.

As expectativas do terapeuta do que deveria acontecer *sempre* interferem no que *pode* acontecer. O que pode acontecer é sempre muito mais rico do que o esperado. O que esperamos é somente a sugestão mais remota do que é possível, e o que é possível amplia os limites da imaginação humana.

Se não me surpreendo pelo menos uma vez durante uma sessão, é indicação de que, ou estou "dessintonizado", ou não estou em contato com um sentido maior do que está acontecendo com a pessoa e *entre* nós. Se não fico em contato com a possibilidade de me surpreender, estarei prestando ao cliente um desserviço. Isso não significa que ocorra o tempo todo — mas o essencial é a postura geral de estar aberto à possibilidade de se surpreender — dispor-me a ser tocado pelo mistério, pela maravilha e a grandeza da pessoa com quem estou trabalhando.

O "CENTRO DINÂMICO" DA PESSOA

A disponibilidade para ser "surpreendido" é tão essencial porque afasta o terapeuta da tendência impulsiva de categorizar e coisificar. Buber encoraja o terapeuta a ir além do óbvio, do "visível", e focalizar a "alma" da pessoa, o cerne do seu ser — em vez de ser afastado desse foco pela "patologia", que, freqüentemente, é um grito de ajuda. Subjacente a toda patologia, o terapeuta deve discernir o "centro dinâmico" da pessoa que guarda seu "espírito" — ele nos dá o contexto para compreender o comportamento.

"Um homem não pode ser verdadeiramente compreendido a não ser a partir da dádiva do espírito, que faz parte apenas do homem, dentre todas as coisas; é o espírito que faz parte decisivamente da vida pessoal do homem, que vive; é o espírito que determina a pessoa. Estar consciente do homem, portanto, significa principalmente perceber sua totalidade como uma pessoa determinada pelo espírito; significa perceber o centro dinâmico, que põe sua marca em cada expressão, ação e atitude, com o sinal reconhecível do ser único." (Buber, 1965a, p. 80)

"RASTREANDO"

Uma vez que o terapeuta tenha "suspendido" seus pressupostos subjetivos (tanto quanto possível), é então essencial que ele seja capaz, no *aqui e agora,* de "rastrear" as experiências e significados percebidos do cliente que estão ocorrendo a cada momento.[69] Isso quer dizer que o terapeuta "segue", passo a passo, esses significados expressados pelos clientes e que são percebidos. Essa é a essência da "dança terapêutica" que estabelece a base para que um encontro curativo ocorra. Rollo May compara isso à "...natureza ressonante de dois instrumentos musicais. Se você puxar uma corda de um violino, a corda correspondente de um outro violino na sala ressoará com seu próprio movimento correspondente" (1983, p. 22). É assim também a responsividade exigida do terapeuta.

Tal abordagem preenche diversos objetivos importantes. Primeiramente, comunica ao cliente que o terapeuta está genuína e profundamente *interessado* em sua experiência. Seguir o outro, momento a momento, requer grande esforço e envolvimento, o que é inevitavelmente sentido pelo cliente. Nasce uma relação. Se a relação é sentida pela pessoa com quem o terapeuta está trabalhando, começa a estabelecer-se um tipo de confiança que é essencial ao necessariamente difícil trabalho de psicoterapia. Em segundo lugar,

---

69. Isso é similar ao "emparelhar" *(paralleling)* de Bugental (1987), que é discutido em seu livro *The Art of the Psychotherapist.*

um esforço desses ajuda o terapeuta a começar a compreender alguns dos sentidos e temas essenciais da vida dessa pessoa e começam a aparecer nuances de significado embutidas na sua perspectiva subjetiva.

A EXPERIÊNCIA DO TERAPEUTA

Entrar no mundo do cliente significa que o clínico corre o risco de perder sua própria perspectiva. Em uma situação extrema, quando ocorre uma mescla profunda com a pessoa com quem está trabalhando, o terapeuta pode até sentir que está perdendo sua identidade, ainda que momentaneamente. Carl Rogers, em seu trabalho clássico *Tornar-se Pessoa,* descreve o risco que corre o clínico nesse envolvimento que ele normalmente não se permitiria.

"E agora, enquanto vivo esses sentimentos nas horas em que estou com ele, sinto-me terrivelmente abalado, como se o meu mundo estivesse em colapso. Ele costumava ser sólido e cheio de certezas. Agora é difuso, permeável e vulnerável. Não é prazeroso sentir coisas que sempre temi. É culpa dele... Não sei mais quem sou. Mas, às vezes, quando *sinto* coisas, pareço, por um momento, consistente e verdadeiro." (Rogers, 1961, p. 68)

Isso significa esquecer-se de si, pelo menos momentaneamente. Há uma tensão rítmica do terapeuta de estar centrado em si mesmo e, ainda assim, ir em direção ao cliente, onde ele estiver. Dentro dessa oscilação existencial, existe aquele momento amedrontador, quando se sente que se vai perder os próprios referenciais. Para realizar um trabalho clínico realmente eficiente, *esse é um risco que deve ser assumido.* Entretanto, o terapeuta não quer ficar "preso" à experiência da outra pessoa. Isso não seria bom para o cliente, uma vez que é, em parte, o motivo de ele estar em terapia — ele está preso em seu próprio ponto de vista. Torna-se necessária uma compreensão profunda desse ponto de vista e, ao mesmo tempo, a habilidade de sair dele e oferecer outra perspectiva. Esse segundo passo não pode ser dado até que o anterior tenha se completado.

É claro que o outro lado da questão é termos que usar a própria experiência de forma a ser empático com a experiência da outra pessoa. Além disso, até que eu esteja pronto para suspender ou colocar entre parênteses os meus pressupostos, jamais serei capaz de ser verdadeiramente empático com as experiências da outra pessoa, porque meus vieses irão interferir. Esse é um desafio dialético real para cada um de nós como seres humanos, mas especialmente na tarefa terapêutica. Certamente precisamos estar *aware* de nossa própria experiência, ainda que essa mesma experiência possa interferir no "estar" de fato com a outra pessoa. Mas, temporariamente, mesmo que por momentos, cada um de nós pode colocar de lado as próprias expectativas, de modo a estar mais presente para o outro.

Ao trabalharmos em psicoterapia, pelo menos inicialmente, a orientação deve ser dirigida para a experiência do cliente. Isso *não* significa que o clínico abdique de seus pontos de vista. O terapeuta precisa compreender como é a vida daquela pessoa e as nuances dessa vida, antes que ele possa introduzir uma postura de confronto ou de conflito. Nos estágios iniciais, é preciso um reconhecimento e a *apreciação* do ponto de vista do cliente[70]. Algumas vezes, pode levar um longo, longo tempo até que se desenvolva completamente essa apreciação. Para muitas pessoas, confiar em alguém é uma violação de toda a sua maneira de ser no mundo. É uma aventura totalmente nova — repleta de riscos — que sempre ameaça a pessoa com um "não-ser".

Esse é o desafio para o terapeuta: não só apreciar total e profundamente a experiência do cliente, mas também manter seu próprio centro diante de experiências divergentes e até conflitantes. Buber chamaria isso de "inclusão"[71]. Essa tensão abre caminho para a verdadeira arte da psicoterapia — o encontro genuíno do ponto de vista do terapeuta com aquele do cliente.

"...a compreensão empática é o resultado final de um processo aberto, constituído da interação e do diálogo promovidos pelo uso múltiplo de perspectivas do terapeuta, ou seja, a alternância e oscilação livres entre posições paradoxais ou conflitantes. Essas posições incluem: experienciar, observar e apreciar os incidentes que o paciente relata, tanto da perspectiva deste quanto a de um observador externo; nos termos do paciente,

---

70.Ver também o capítulo 5, "Psicoterapia dialógica: visão geral e definições."
71. *Idem.*

como agente e vítima, e nos termos dos conflitos de ambos, terapeuta e cliente." (Berger, 1987, p. 17)

Tudo isso levanta uma questão concreta: quem define o que é a "verdade" dentro da terapia, o cliente ou o terapeuta? *Ambos o fazem.* Inicialmente, são os significados e os sentimentos do cliente que devem ter prioridade, para que a terapia progrida e uma relação forte seja estabelecida. Entretanto, isso não exclui, de forma alguma, a experiência do terapeuta, que deve também avaliar o andamento da terapia. Além disso, se tomarmos seriamente o conceito de "entre", há uma realidade que é maior que a soma total das experiências do terapeuta e do cliente. *Juntos,* eles formam uma totalidade que propicia um contexto para a experiência individual de ambos. Talvez esse seja o significado mais sucinto do "entre".

"PEDRAS DE TOQUE"

Uma forma de chegar a um sentido mais profundo do mundo dessa pessoa é através do que Maurice Friedman (1972b) chama de "pedras de toque". Isto é, apreender os acontecimentos centrais cristalizados da vida de uma pessoa que parecem dar significado a sua vida. Esses eventos podem ser passados, presentes ou, em alguns casos, imaginados no futuro. Uma "pedra de toque" para um estudante universitário pode ser o evento futuro da formatura. Para uma criança, receber um ursinho de pelúcia pode ser uma pedra de toque muito importante. Existe uma variedade infinita de "pedras de toque".

O essencial é tentar explorar com uma determinada pessoa o que essas "pedras de toque" significam para ela. Fazendo isso, o clínico está conseguindo compartilhar o sentido do mundo dessa pessoa — ele está entrando nos significados e eventos experienciais do mundo do cliente. Ao mesmo tempo, o terapeuta está indiretamente lhe dizendo que está interessado. Ao fazê-lo, uma relação — um vínculo — está paralelamente sendo estabelecido. De fato, esse vínculo é freqüentemente o que está faltando na vida da pessoa e é um motivo importante de ela estar em terapia — seu vínculo com o mundo e com as outras pessoas sofreu danos. *Uma relação genuína não pode ser estabelecida e crescer se não existirem significados compartilhados.* As palavras de Friedman (1985a) sobre os pensadores e artistas aplicam-se à arte da psicoterapia:

"Pensadores e artistas como Blake, Kierkegaard, Nietzsche, Van Gogh e Jung tiveram a coragem de manter a tensão entre a lealdade para com suas pedras de toque da realidade e suas necessidades de comunicação com os outros. Eles tiveram genialidade para criar pontes — poesia, pintura, teologia, filosofia, ou psicologia — através das quais um diálogo de pedras de toque poderia acontecer entre eles e o mundo." (p. 217)

ESTABELECENDO UMA RELAÇÃO

É tarefa do terapeuta construir uma "ponte" em direção ao cliente. Não é, certamente, responsabilidade do cliente construir uma ponte em direção ao terapeuta. Ainda assim, certos sistemas teóricos parecem pretender isso. Esse é um aspecto importante da "cura pelo encontro", da qual Buber fala. Curar significa "tornar inteiro". E é a relação de confiança com os outros que foi danificada e não está inteira. Isso não acontece de uma vez na terapia. É, antes, um processo contínuo de restabelecimento dessa conexão com o terapeuta e com os outros. Acontece através de uma série de passos que se aprofundam progressivamente à medida que a terapia se desenvolve. Terapeuta e cliente engajam-se em "espirais paralelas descendentes", entrando em contato um com o outro em níveis existenciais cada vez mais profundos. Isso cria uma intimidade que raramente nos permitimos desenvolver em nossa vida diária.

Como pode o terapeuta saber que a relação está sendo construída? É uma avaliação intuitiva que deve ser feita. Em um sentido maior, é a culminação e a integração de numerosos momentos de interações em direção a uma experiência global. Em última instância, é uma compreensão de ambos os parceiros na terapia de que há um profundo entendimento compartilhado. É o compartilhar "de dentro" de cada um com o outro.

Uma vez que a relação esteja estabelecida e aprofundada, as possibilidades na terapia são virtualmente infinitas. Com uma sólida relação estabelecida, o clínico pode correr grandes riscos na terapia. Ele pode explorar áreas excessivamente vulneráveis, em relação às quais, até então, o cliente poderia estar muito resistente à exploração. A solidez da relação permite que o clínico penetre no "entre" e explore a "força crescente" dessa pessoa — onde pessoa encontra pessoa.

9/

O Problema
é a Resposta

"A vida é um mistério a ser vivido,
não um problema a ser resolvido."

Gabriel Marcel

O problema do diagnóstico é que ele contém as sementes da cura. É isso que precisa ser "ouvido" e integrado para que a existência dessa pessoa torne-se inteira. O problema pode ser visto como fazendo parte da existência *total* da pessoa e não como uma anomalia. Isso faz parte da dialética do "chamar e responder", desenvolvida entre nossa psique e nosso corpo, e entre o self e os outros. O "problema", na verdade, é uma proclamação de como a existência dessa pessoa tornou-se fraturada, alienada e perturbada. Ainda assim, o problema contém esperança. "Na doença mais grave que surge na vida de alguém, a potencialidade mais alta dessa pessoa pode estar se manifestando de forma negativa" (Friedman, 1965, p. 39).

Problemas "só" são problemas quando olhamos para nossa existência objetivamente, ou seja, de maneira EU-ISSO. O indivíduo moderno, tecnológico, está tão acostumado a resolver problemas que até vemos os problemas existenciais como "meros" problemas. Uma perspectiva radicalmente diferente é oferecida pelo poeta Rilke (1978): "Não procure as respostas que não lhe podem ser dadas, porque você não seria capaz de vivê-las, e o importante é viver tudo. Viva agora as perguntas". Essa é uma atitude freqüentemente esquecida na existência moderna.

Os problemas precisam ser ouvidos. Eles surgem em função do desequilíbrio de nossas relações conosco e com os outros. Olhar para "o problema como uma resposta" significa sair da nossa posição egocêntrica e olhar para o "entre" — olhar para nossa existência *relacionalmente*.

Uma abordagem dialógica entende a "psicopatologia" como um diálogo abortado. É o resíduo de uma tentativa de "diálogo" que não obteve resposta. Uma forma de entender o comportamento "patológico" é vê-lo como um pedido desesperado de resposta ao mundo. É reconhecer o que está escondido "por trás" dele — ver a face da carência humana por trás da face da dor humana. Por trás de cada medo está o desejo e por trás de cada ira está a dor.

Precisamos compreender o que o problema do diagnóstico está "dizendo" sobre a existência daquela pessoa. Rollo May, falando em termos gerais sobre o comportamento neurótico, aponta para essa questão:

> "Não é a neurose precisamente o método que o indivíduo usa para preservar seu próprio centro, sua própria existência?
> Os sintomas são meios de reduzir a área de seu mundo... de forma que a centralidade de sua existência possa ser protegida da ameaça; é uma forma de bloquear aspectos do meio ambiente, para que ele, indivíduo, possa então ser adequado para o restante desse mundo." (1983, p. 26)

Enquanto alguém está sentado na minha frente, em terapia, estou tentando entender o que o problema está "dizendo" a essa pessoa e a mim. Em outras palavras, estou considerando o problema presente não apenas como uma questão isolada, mas como um distúrbio da existência inteira dessa pessoa. Geralmente, ela não entende o que o problema está lhe dizendo, ou não esteve atenta para o que esse problema está tentando lhe dizer. Além disso, ouvir o problema e o que ele tem a ensinar iria contra sua própria imagem. Portanto, ela se recusa a integrar esse aspecto em sua vida.

Essa é uma postura que provoca uma mudança de paradigma na conceituação da psicopatologia e até mesmo do diagnóstico. *Não* se trata de uma técnica, mas antes de uma atitude total de aceitação da *importância do problema.* Isso requer uma compreensão dialógica e dialética do desenvolvimento humano. Buber coloca isso enfaticamente na seguinte afirmação: "...quando eu compreendo mais amplamente e mais profundamente do que antes, vejo sua polaridade total e, então, vejo como o pior e o melhor nele são dependentes um do outro, vinculados um ao outro" (1965b, p.180). Faz-se necessário observar polaridades humanas aparentemente opostas lutando em busca do equilíbrio. É justamente a qualidade "muito desequilibrada" que está "pedindo" por equilíbrio. Precisamos enfatizar uma concepção dialética de desenvolvimento em que se reconheça que as pessoas se movem "para trás" e "para a frente" no processo global de crescimento.

Ocorre uma inversão do processo figura-fundo em relação ao nosso entendimento linear sobre a teoria do desenvolvimento, pois saímos de nosso próprio egocentrismo para olhar nossa existência a partir de uma outra perspectiva. É reconhecer que todas as facetas de nossa existência, *incluindo-se nossos problemas,* são uma parte de nós. Precisamos abraçar cada parte de nós mesmos, pois cada parte tem seu valor. Nossa tarefa humana é *descobrir* que valor é esse. Trata-se de um passo fora do meu "EU" em direção ao "entre" — entre a consciência e a inconsciência, entre mente e corpo, entre self e Self, entre eu e o outro. Estamos tão acostumados a resolver problemas que é quase desconcertante pensar em apreciar seus significados.

Os problemas não existem para ser eliminados, mas sim para ser integrados. Isso foi compreendido intuitivamente pelo poeta Rilke, quando ele parou seu tratamento psicoanalítico após a primeira sessão. Conta-se que ele teria dito: "Se você leva embora meus demônios, estará levando embora meus anjos". Com a sensibilidade do poeta, ele percebeu a inter-relação do nosso lado problemático com o nosso lado criativo. Um não "causa" o outro; mas um "informa" o outro. Freud, o mestre da psicanálise, também entendeu intuitivamente a inter-relação entre criatividade e conflito. Pickering (1974) comenta como Freud viveu pessoalmente essa relação:

"Ele não trabalhava bem quando se sentia ajustado e feliz, nem quando estava muito deprimido e inibido. Precisava de algo entre esses dois extremos. Ele expressou isso claramente em uma carta de 16 de abril de 1896: 'Eu voltei [de férias] com um sentimento nobre de independência e me sinto bem demais; desde que retornei, tenho estado muito preguiçoso, porque *a infelicidade moderada necessária para o trabalho intensivo nega-se a aparecer'* ".(p.221)

Nossas dificuldades são nossa força vital. Elas nos forçam a enfrentar aspectos de nós mesmos e do mundo que preferiríamos evitar. Elas criam uma tensão em nossa existência que, se for atendida, acrescenta algo à nossa vitalidade. Quanto mais recusamos determinadas coisas, mais lhes damos força. Esta é uma das ironias existenciais da vida. Quanto mais rejeitamos psicologicamente partes nossas, mais energia é preciso despender a fim de manter aquela parte afastada de nós.

Nossas vidas tornam-se muito problemáticas quando não estamos "ouvindo" o que esse distúrbio está tentando nos "ensinar". Existe um exemplo maravilhoso sobre isso no livro *The Search for Existential Identity* (1976) de James F. T. Bugental. Bugental apresenta o caso de "Laurence", um exemplo extremado do homem do século XX. Laurence fez todas as coisas "certas" na vida. Tinha um bom emprego e um prestígio que lhe rendiam um excelente salário. Vestia-se impecavelmente e dirigia um carro muito caro. Casou-se com o tipo "certo" de pessoa. Visto "de fora", Laurence parecia o exemplo vivo do sucesso. De fato, do ponto de vista externo, ele *era* um sucesso. Entretanto, não havia "ninguém" dentro. Ele era uma "máquina" ambulante. Ele era um "isso" para si mesmo. Ele era um dos "Hollow Men"[*] de T. S. Eliot.

Quando foi consultar-se com Bugental, ele tinha — assim pensava — somente um problema: estava experienciando terríveis ataques de pânico. Ele queria que Bugental o "consertasse". Queria

---

[*] *"Hollow men": n*o original inglês, significa "homens ocos". (Nota das tradutoras)

que o problema fosse *resolvido*. Sua atitude era muito parecida com a da pessoa que quer seu carro consertado. Já que conduzia sua vida de uma maneira muito objetiva, queria uma solução técnica para o que via como um problema técnico.

A questão era que o problema percebido por ele não era, de modo algum, o problema! O verdadeiro problema era que os ataques de pânico, como apontou Bugental tão claramente, eram a última dimensão "viva" de sua existência autocoisificada. Seus ataques de pânico eram o refúgio final de sua humanidade — uma tentativa, que era a última fronteira de seu "ser", para colocá-lo em contato com essa humanidade. Em vez de consertar "isso", o que Laurence realmente necessitava era *reconhecer* seu problema e *ouvir* o que ele estava tentando mostrar em sua vida. Pedia-lhe que fizesse uma mudança significativa na vida. Dizia-lhe que ele tratava a si mesmo e os outros como objetos. Alertava-o de que ele não *conhecia* realmente a si mesmo. Ele apenas sabia algo *sobre* si mesmo. Dizia-lhe para parar de lidar consigo mesmo como se fosse um mecanismo a ser consertado. Os ataques de pânico tinham saído de seu controle porque Laurence estava fortemente *sob* controle. *O excesso de controle, dialeticamente, provoca uma erupção que não podemos controlar!* Para reconhecer isso, Laurence teria que alterar radicalmente a visão que tinha de si mesmo — e do mundo.

Bugental, acertadamente, focalizou seu trabalho em Laurence desenvolvendo seu senso de *awareness* "subjetiva" e de sua própria existência. Ajudou-o a tornar-se menos ajustado e "adequado". Numa época obcecada pelo bom ajustamento, é bom lembrar a crítica de Rollo May sobre isso:

> "Um ajustamento é exatamente o que a neurose é; é aí que está o problema. É um ajustamento necessário, através do qual o centro pode ser preservado; é uma forma de aceitar o não-ser, de modo que um pouco do ser possa ser preservado. Na maioria dos casos, há um benefício quando este ajustamento se quebra." (1983, p. 26)

O fato de ser tão bem ajustado impediu Laurence de *experimentar* e, conseqüentemente, de *viver* realmente sua existência. Somente a permanência nesta vida poderia eliminar os ataques de pânico.

Somente se ele escutasse essa mensagem mais profunda poderia parar de ser um objeto para si mesmo e começar a sentir sua própria existência.

Um exemplo da minha própria prática pode ilustrar esse ponto. Trabalhei uma vez com uma mulher de 25 anos de idade que sofria de síndrome de irritação intestinal. Trata-se de uma doença psicossomática, em que o indivíduo sofre dores espasmódicas (como cólicas) e diarréia. Ela tinha se submetido a tratamentos médicos prolongados e usava remédios há vários anos. Isso não a livrou do problema. Nesse caso, estava claro que havia fortes componentes psicológicos. Ela me foi encaminhada por um médico, para lidar com os fatores psicológicos do problema, particularmente o estresse.

Ela era uma cantora de ópera e, sem dúvida, muito talentosa. Seu pedido, no momento, era que eu a ajudasse a aliviar o estresse, para que pudesse cantar em público sem sofrer terrível aflição. O que estava claro era que ela sentia forte ansiedade quanto a seu desempenho diante do público em um ambiente formal. Isso representava um óbvio dilema!

Ao reunir os dados de sua história, tornou-se evidente que ela tinha exigências "internas" irreais de perfeição. Sentia-se julgada e, de fato, estava *incessantemente* julgando a si mesma. Ela estava sempre "atuando" e, conseqüentemente, a carga adicional de uma apresentação formal era paralisante. Como resultado, ficava extremamente deprimida e às vezes até com tendências suicidas — queria matar aquela parte dela que a atormentava.

Ao compartilhar comigo sua história, contou que sua mãe fora bastante rígida e seu pai, indiferente. Em conseqüência, ela estava sempre tentando agradar. A maneira de se distinguir era tornar-se boa naquilo em que era talentosa — o canto. Desde uma idade precoce, para desenvolver seu talento, foi enviada pelos pais aos melhores professores de canto lírico. Sua vida estava traçada: ela tinha que seguir carreira na ópera e ter sucesso. Isso representava a aspiração de seus pais. Durante a maior parte da sua vida adulta acreditara ser isso o que queria.

Muito freqüentemente, tomamos decisões utilizando apenas nosso "ego" consciente, em vez de reconhecer nosso self total e o que ele está nos dizendo. Esse é um problema endêmico para o indivíduo ocidental moderno. É um erro trágico: não perceber que nosso ego consciente é apenas um aspecto do nosso diálogo com o mundo. Existem muitos níveis de diálogo aos quais precisamos dar atenção. Quando falhamos em fazê-lo, é nosso corpo que nos "dá notícias" sobre esse diálogo incompleto. Nesse caso, o corpo de minha cliente estava se "revoltando" contra ela. E ela relutou em ouvir essa "mensagem". Seus objetivos conscientes sobrepunham-se a essa "mensagem" inconsciente. O corpo estava "falando", mas não estava sendo ouvido.

A princípio, gastamos aproximadamente seis meses em esforços dirigidos para a redução do estresse. Também trabalhamos na alteração da dinâmica da sua necessidade de "representar" e ser perfeccionista. Tornou-se claro que, embora ela sentisse grande ansiedade enquanto se apresentava em um ambiente de ópera formal, não se sentia da mesma maneira quando estava envolvida com seu passatempo, cantar com uma banda de jazz em um pequeno clube noturno! De fato, ela afirmou que preferia cantar jazz, mas que isso seria desapontar seus pais e seus próprios objetivos conscientes. À medida que trabalhávamos no alívio do seu estresse, ela, na verdade, ia ficando mais deprimida e com tendências suicidas. O que estava começando a acontecer, ao perceber a redução do estresse, não estava alterando suas altas expectativas como cantora clássica; uma parte dela começou a temer que jamais conseguiria ser a cantora que achou que *deveria* ser; muito embora algumas vezes ela tenha expressado sérias dúvidas quanto ao que *pretendia* nessa profissão. Entretanto, ter esses pensamentos era como trair sua família. Era uma violação a uma "lealdade invisível"[72]. Achava ter desapontado a família tantas vezes anteriormente que não suportaria fazê-lo novamente — e numa questão tão importante. Carregava a carga das esperanças familiares. Era um peso que ela *pensava* poder suportar, mas seu corpo gritava outra coisa.

A terapia estava em um impasse. Ela parecia incapaz de reduzir o seu estresse, relutava, ou não conseguia, por razões muito compreensíveis, sair da situação que mais a estressava. O momento decisivo de mudança foi quando pedi a ela que, "literalmente", ouvisse seu corpo. Apresentei uma situação de *role-playing*, na qual ela seria a "voz" do seu cólon! O que o seu cólon disse, em uma

---

72. Boszormenyi-Nagi, I. & Spark, G. M, *Invisible loyalties.*

linguagem bastante expressiva, era que não suportava mais aquilo. Ele suportara tantas expectativas e tantos perfeccionismos por tantos anos que estava físicamente esgotado e não poderia lidar com o estresse das apresentações formais. Seu cólon advertiu-a de que, se ela perseverasse nessa carreira, seu estado de saúde pioraria. Pediu-lhe ao menos, um repouso; se não, uma total mudança de carreira! Minha cliente resistia muito a essa "resposta". Era inaceitável para ela.

Durante os seis meses subseqüentes trabalhamos nesse *role-playing* muitas vezes. A cada vez, minha cliente afirmava ser inaceitá-vel a solução proposta. A "resposta" do cólon era: "Bem, brigue comigo se você quiser. Não me ouça. No final, eu vencerei, porque reconheço a verdade que você está tentando esconder". Em desespero, minha cliente perguntava que alternativa haveria para sua vida. A resposta do cólon era ela que fizesse o que ela realmente *queria* fazer — cantar em um grupo de jazz! Relutantemente, minha cliente começou a "ouvir" a autenticidade daquilo que seu corpo estava lhe dizendo. Enfim, começou a admitir que dentro do problema estava a sua solução. Sua tarefa — como para todos nós — era *aceitar* aquela resposta e *integrá-la em seu ser*. Precisamos aprender a ou-vir a nosso ser em sua totalidade e não apenas nossa mente consciente. Ao fazê-lo, há tanto perdas quanto ganhos — a perda de inocência, mas um ganho da sabedoria. Essa é a história da espécie humana: a sabedoria é alcançada apenas a altos custos.

Nós lutamos contra as respostas que nos são dadas porque elas não se encaixam em nossas expectativas. Quanto mais reprimimos determinada *awareness*, mais forte é a reação a essa repressão. De fato, o grau de sofrimento psicológico que experienciamos pode corresponder à extensão em que nos desassociamos de nossa *awareness*. Em casos extremos, é necessária uma quebra substancial das estruturas psicológicas para que surja *awareness*, porque essa pessoa está muito identificada com a sua auto-imagem. Todos nós somos resistentes a essa mensagem mais profunda, porque ela rompe com a nossa vida — rompe com o nosso senso de controle. Essa ilusão de controle completo é algo que todos nós valorizamos.

O corpo é especialmente adequado para perturbar essa ilusão. As pessoas do século XX têm ignorado seu corpo como mensageiro. Em sua maioria preocupam-se muito com a "cabeça" e, por isso, deixam de ouvir o corpo. Tornam-se dissociadas e alienadas do próprio corpo. Conseqüentemente, é muito mais difícil "ouvir" mensagens vindas do corpo. Além disso, o corpo não tem um vocabulário tão sofisticado quanto o que nos é dado pelo discurso. Mas o corpo *fala*. Fala, primeiramente, através de um mal-estar generalizado. Depois, fala com a dor. Só pode se comunicar através de uma linguagem global. Um exemplo simples é a dor física. Se logo de saída você tenta correr uma distância longa demais, sentirá isso no dia seguinte: seu corpo está dizendo que sua mente *pensava* que poderia fazê-lo; mas você não estava trabalhando em consonância com o corpo. A dor física é um modo de nos dizer que alguma coisa está errada. A maioria das pessoas que procuram a terapia não está ouvindo essas mensagens, mas estão buscando soluções técnicas para seus problemas. Elas desejam ter "a coisa" resolvida — um *curativo* — mesmo que isso seja compreensível. Querem que a dor seja aliviada imediatamente, em vez de se disporem a permanecer com a dor para que ela *possa falar de um local mais profundo,* dentro delas. Certamente, nossa tarefa como terapeutas é dar conforto mas, ao fazê-lo, não devemos obscurecer a mensagem mais profunda que algumas vezes é subjacente à dor reconhecida.

Isso requer uma atitude diferente de nossa parte: uma consciência receptiva, uma abertura ao Ser, que reconhece uma realidade maior que a mera consciência do ego. Para o homem moderno, *o maior problema é domíniar o próprio ego*. Investir no nosso ego freqüentemente cria dificuldades corporais — mal-estar e dores no corpo — porque ignora certas realidades físicas e emocionais. O homem moderno freqüentemente tenta ignorar *as limitações de sua existência*. Isso é negar *o próprio cerne de nossa humanidade!* Haja vista a nossa obsessão pela juventude e por posses materiais, e como evitamos reconhecer a velhice e a inexorabilidade da morte.

Outro exemplo de minha prática pode ilustrar a relevância da "mensagem" do corpo. Atendi em terapia a uma mulher de 35 anos, que tinha uma história de infecções crônicas no trato urinário; causavam-lhe muita dor e eram incapacitantes. Ela esteve em tratamento médico por mais de vinte anos e tentara um tratamento alternativo em busca de alívio. Ela me foi encaminhada por um médico, para lidar com possíveis componentes psicológicos resultantes da doença. Como profissional, as incessantes séries de infecções restringiam significantemente suas atividades sociais e começavam a afetar seu desempenho diante de uma possível promoção, porque estava freqüentemente ausente. Ela estava "presa em uma armadilha" por seu próprio corpo. Ao relatar sua extensa história de dificuldades, um dado antigo e importante tornou-se evidente. Suas infecções começaram na infância e eram especialmente comuns nas viagens de férias da família. Como minha cliente descreveu, sua família costumava ir para uma casa que tinham fora da cidade. Minha cliente ressentia-se dessas viagens longas, porque elas a afastavam de seus amigos e das atividades sociais que tanto valorizava. Com a família, ela se sentia "presa em uma armadilha". O pai, que no dia-a-dia era um *workholic**, sempre ansiava por essas viagens como única forma de relaxamento. Como conseqüência, minha cliente, e mais o resto da família sentiam-se extremamente culpados diante da possibilidade de expressar desprazer em ter de ir a algum lugar onde não gostariam de estar. Embora ficasse aborrecida, o ressentimento e a raiva nunca eram expressados diretamente na família.

O sentimento de estar presa em uma armadilha parecia ter se generalizado à maioria das situações sociais, na sua vida adulta. Na juventude, ela comparecia a compromissos sociais que realmente não a interessavam, mas sentia-se esmagadoramente culpada se pensasse em não fazê-lo. Ela nem sequer gostava de algumas pessoas com quem passava seu tempo! Mais uma vez, sentia-se presa em uma armadilha. Depois de algum tempo tornou-se claro que havia, freqüentemente, uma correspondência muito próxima entre ter que comparecer a um compromisso social, onde se sentiria presa, e uma subseqüente infecção do aparelho urinário. Era como se ele se contraísse sob o estresse. Quase sempre tinha raiva das pessoas e de si mesma mas era incapaz de expressá-la diretamente. Sua única escolha seria recusar *todos* os convites sociais. Só assim ela achava que poderia controlar sua vida. Entretanto, acabou se tornando também muito isolada e deprimida.

No trabalho com ela, começamos a escutar o que o seu corpo estava dizendo; ficou claro que o primeiro passo era que ela conseguisse

---

* *"Workholic"*: pessoa viciada em trabalhar. Termo mantido no original por ser assim usado no Brasil. (Nota das tradutoras)

expressar sua raiva. O trabalho consistia em ouvir o seu corpo, de modo a descobrir quando ele estava zangado, pois essa era a sua maior dificuldade, em um nível consciente. Se antes ela tinha sonhos recorrentes de estar presa em uma armadilha, agora sonhava que sentia raiva. Era um progresso! Trabalhamos também com a sua capacidade de ser mais assertiva, para poder discriminar de modo criativo os convites sociais que ela queria aceitar. No final da terapia, suas infecções eram comparativamente mais raras que no início e ela não se sentia mais presa na armadilha de seu corpo.

É parte integrante do diálogo e da dialética da terapia que o terapeuta torne-se o ouvinte da mensagem do problema da outra pessoa. A presença e a perspectiva do terapeuta são essenciais, como "ouvinte" do problema. Isso requer que o terapeuta deixe a "voz" do problema *ressoar* dentro dele. O terapeuta penetra no "entre". O terapeuta está tentando escutar o que o "problema" está tentando dizer e quer ajudar o cliente a entender essa comunicação dentro do contexto de sua existência global. O terapeuta torna-se o intermediário. Ele deve ser capaz de escutar o problema em um nível mais profundo do que o cliente. Essa perspectiva "externa" é quase sempre necessária para que ele se sensibilize para o que é a "mensagem". Isso acontece com freqüência, porque em nosso desenvolvimento todos aprendemos a ignorar as mensagens mais profundas que nos são dadas. E também porque essas mensagens nos são passadas, muitas vezes em uma "linguagem" difícil de ser decifrada.

De diversas maneiras, somos todos estrangeiros diante da linguagem de nosso corpo. Existe uma alienação inerente da qual todos nós sofremos. *A tarefa do terapeuta é decifrar essa linguagem,* poder "traduzi-la" em uma linguagem compreensível ao cliente. Além disso, é tarefa do terapeuta facilitar que essa voz seja ouvida dentro da vida do cliente. É necessária muita educação na terapia para ajudar essa pessoa a entender como seu problema está tentando ensinar-lhe a tornar-se uma pessoa mais integrada. Comumente, as pessoas não são educadas para isso na sociedade moderna. John Welwood (1983) dá um exemplo de como o terapeuta precisa "ouvir" o que *não* está sendo percebido pelo cliente.

"Escolhi este cliente para discutir, porque, de um jeito ou de outro, todos os seus sintomas persistentemente apontavam para a questão da vulnerabilidade. Por exemplo, seu exibicionismo era um daqueles sintomas estranhamente apropriados, simbolicamente perfeitos. Era uma forma de expor sua vulnerabilidade, enquanto ele mantinha algum tipo de controle e de poder. O medo de ser homossexual tinha conexão com o medo de sua fragilidade. O alcoolismo — ficar bêbado e 'farrear' — era a forma de a criança que havia dentro dele poder sair de seu rígido controle, para poder ser espontâneo e sentir-se plenamente vivo. E, finalmente, sua frieza em relação às mulheres estava claramente relacionada com o medo de ficar à mercê delas e de novamente colocar-se em uma posição vulnerável." (pp. 156-57)

No começo, o cliente não conseguia perceber isso. Welwood precisou ser o intermediário nesse "diálogo". Foi preciso sensibilizar o cliente a se tornar mais uma câmara de ressonância *aos ecos de sua própria existência.*

A "RESPOSTA" E A RESISTÊNCIA A ELA

Mesmo quando uma *resposta* é dada ao nosso problema, inevitavelmente haverá resistência a ela. A resistência surge porque muitas vezes um problema persistente pode estar nos dizendo que precisamos fazer uma mudança *maior* em nosso estilo de vida. A maior parte das vezes, queremos um "conserto rápido" para a situação, para que possamos continuar levando nossa vida do jeito de sempre. Queremos apenas ver o sintoma tratado e não ter de fazer mudanças que eliminariam o desconforto subjacente. O *status quo* é uma resistência importante a ser quebrada. Nosso desconforto está tentando nos dizer que o *status quo* não é *mais* saudável para nós, ainda que, freqüentemente, as primeiras mudanças no modo de viver fossem ajustamentos saudáveis. Entretanto, eles podem ter se tornado improdutivos.

Inexoravelmente, é necessário desistir de alguma coisa. Muitos de nós queremos manter a segurança que temos, mesmo que ela seja problemática. A resistência reconhece implicitamente o espectro do risco. Em um sentido, temos que *nos tornar* nosso problema. Temos que nos identificar com ele completamente e percebê-lo como uma parte de nós mesmos. Isso dá início ao processo de integração do que estava dissociado. Não há, provavelmente, melhor modo de desenvolver empatia com outra pessoa do que se identificar com ela, ou viver seu papel. Ao fazê-lo, mesmo um suposto "inimigo" pode se tornar um amigo. O mesmo é verdadeiro em relação a nossos problemas. Na tradição zen, isto é muito bem expresso por Shunryu Suzuki. "Você apenas se coloca no meio do problema; quando você é uma parte do problema, ou quando o problema é uma parte de você, não *há* problema, porque você é o próprio problema. O problema é você mesmo. Se é assim, não há problema" (1970, p. 82). Identificar o problema como nosso e reintegrá-lo em nós inicia o processo de cura. Precisamos de um "diálogo" com nossos problemas. Paralelamente, isso abre um diálogo com os outros. À medida que nos abrimos para aquelas partes não reconhecidas, podemos aceitar nossa fragilidade humana e sermos mais compassivos com a fragilidade e a vulnerabilidade dos outros. Isso nos permite retirar nossas "projeções" sobre os outros e verdadeiramente encontrá-los, *não* "projeção com projeção", mas pessoa com pessoa.

10/

A Sabedoria
da Resistência

"Resistência é, e não é."

Miriam Polster[73]

Muito tem sido escrito, desde Freud até os dias de hoje, sobre o problema da "resistência". Minha proposta aqui não é fornecer mais uma análise técnica da resistência, mas oferecer uma perspectiva diferente — baseada numa compreensão dialógica. Primeiramente, isso significa que a resistência precisa ser radicalmente contextualizada dentro do "entre". *A resistência é o resíduo de uma tentativa de diálogo interrompido abruptamente no meio da frase.* As raízes da resistência são interpessoais e ontológicas, assim como intrapsíquicas. Isso também significa que a maneira como a resistência se manifesta na terapia é um produto da interação entre terapeuta e cliente. Não é simplesmente apresentada apenas pelo cliente sozinho.

---

73. Conversa que ocorreu no programa de treinamento em Gestalt-terapia, no verão de 1984.

RESISTÊNCIA COMO AUTOPROTEÇÃO

Tradicionalmente, a resistência tem sido vista de uma maneira unilateral — o cliente inconscientemente coloca barreiras no decorrer da terapia. É isso, e muito mais. Toda a assim chamada resistência é apenas uma manifestação de como essa pessoa sente-se vulnerável. É um "comunicado" do medo de assumir riscos que não tinham suporte na experiência anterior da pessoa. É uma forma *essencial* de autoproteção. A resistência é *sempre* um "muro" com dois lados. Do ponto de vista "externo", a pessoa parece estar fechada; do ponto de vista subjetivo, é experienciada como mera evitação de um sofrimento psíquico. Atwood & Stolorow (1984) afirmam isso da seguinte maneira: "Terapeutas experientes sabem que, ao esclarecerem a natureza da resistência do paciente, não haverá resultado terapêutico discernível a menos que o analista também seja capaz de identificar corretamente o perigo subjetivo, ou o conflito emocional que faz da resistência uma necessidade sentida" (p. 63).

A resistência é o "muro" que encerra feridas antigas e muito sensíveis. É um muro, na melhor das hipóteses, semipermeável. A delicada tarefa do terapeuta é ajudar o cliente a tornar esse muro mais permeável, ajudar a pessoa a abrir-se para outras oportunidades mais vivas. Não é um trabalho fácil. Referindo-se às oportunidades que nos são oferecidas pelo diálogo genuíno como "sinais" endereçados a nós, Buber (1965a) coloca a questão poeticamente:

"Cada um de nós é revestido por uma couraça, cuja tarefa é afastar os sinais. Os sinais nos chegam repetidamente, e viver significa sermos alvos deles; precisaríamos apenas nos apresentar e percebê-los. Mas o risco é perigoso demais; trovões silenciosos parecem nos ameaçar com aniquilação e, de geração em geração, aperfeiçoamos o aparato defensivo" (p. 10).

A SABEDORIA DA RESISTÊNCIA

Podemos dizer que existe uma "sabedoria" na resistência, se conceituarmos a resistência como emergindo naquele ponto em que o indivíduo sente que não tem o suporte interno para lidar com a situação ameaçadora. Nesse ponto, é extremamente sábio protegerse — erigir um muro para afastar o que é experienciado como uma ameaça. É sábio juntar os próprios recursos para utilizá-los numa ocasião posterior. O problema da resistência é que ela é anacrônica — não é uma resposta à situação *presente*. Nós "esquecemos" a "decisão" que tomamos há longo tempo e, conseqüentemente, falhamos no uso de nossos recursos atuais de uma maneira apropriada. Caímos na inércia — o medo inibe o crescimento.

A resistência pode ser uma expressão *profunda* de alguma coisa que a pessoa precisa *desesperadamente*, e essa é a única forma que ela conhece para cuidar de si mesma. É muito semelhante à criança que em tenra idade aprende a dizer "não"; esse "não" torna-se uma das primeiras formas de discriminação e de afirmação de sua identidade, como distinta da dos pais. A resistência, em certo sentido é um "protetor" internalizado, porém truncado. Ela se torna um substituto dos pais, que podem ter protegido a criança e estabelecido limites.

Infelizmente, diferente de um protetor de verdade, a resistência é primariamente defensiva, em vez de nutritiva. De fato, o paradoxo é que o comportamento resistente impede a nutrição que poderia vir dos outros. Estamos ocupados em nos defender contra ameaças reais e imaginárias, e assim afastamos aqueles que poderiam nos proporcionar melhor uma interação nutritiva e curativa. A resistência protege mas, paralelamente, impede a pessoa de crescer: ela corta o diálogo com o mundo. É a isso que Buber poeticamente refere-se como "...as sete vendas de ferro em nosso coração..."[74].

As raízes intrapsíquicas da resistência são interpessoais. Sua origem está na abertura e vulnerabilidade inerentes à infância. A abertura ingênua aos outros nos primeiros anos de vida traz a dor inevitável, provocada, na melhor das hipóteses, pelos "desencontros", e na pior delas, pelos efeitos maléficos das feridas dos pais e de suas experiências dolorosas. Decorre da destruição da ilusão da perfeição da infância — a *awareness* surpreendente de que eu não sou sempre aceito, nem aceitável. Apenas "ser" não é suficiente; também tenho que "fazer". O fazer sempre impõe o risco e o medo de não ser aceito e nem amado.

Se levarmos a sério a necessidade de entrar no mundo experiencial

---

74. Buber (1965a), p. 4.

do cliente, será essencial compreender as partes resistentes de sua personalidade. Até que o terapeuta possa entender a "resistência" de alguém, sua autoproteção, ele ainda não entrou completamente no mundo experiencial do cliente. Como afirmou Searles (1986): "...Quanto mais rápido eu puder aceitar o nível de resistência do paciente, em vez de continuar a brigar contra isso com interpretações, por mais perceptivas e sagazes possam ser, com a mesma rapidez virá o dia feliz em que ele se tornará mais colaborador na sua relação comigo" (p.11). Só então pode uma relação genuína ser construída. Polster & Polster (1973) fazem esta observação:

"Em vez de procurar remover a resistência, é melhor colocá-la em foco, assumindo a posição de que, na melhor das hipóteses, a pessoa cresce através da resistência e, na pior, a resistência é uma parte de sua identidade.... É incorrer em engano, rotular o comportamento original como mera resistência. Remover a resistência de forma a retornar à pureza preexistente é um sonho fútil, porque a pessoa que tem resistido é uma nova pessoa e não há como retornar." (1973, p. 52)

A resistência *não* é um epifenômeno, essa é a forma de a pessoa ser-no-mundo. De fato, é mais provável que seja uma das partes mais "solidificadas" do self. Ou seja, o cliente está muito acostumado a ser resistente de uma forma particular — acostumado a esperar que alguém o ataque ou o invada. Conseqüentemente, há uma "segurança" na maneira de responder de forma previsível aos outros — uma segurança precária — mas, ainda assim, uma segurança. Isso pode ser "patológico", pode ser autodestrutivo, mas não devemos subestimar quanto é importante para nós sentir que, pelo menos, "conhecemos" aquela parte de nós mesmos. Freqüentemente "escolhemos" a patologia em vez de o desconhecido. A previsibilidade "patológica" é mais segura do que estar presente no que é. Em muitos casos, essa necessidade de prever é semelhante a restos de naufrágio no meio do oceano. Em um mundo experienciado como precário, ela nos dá algo em que nos segurarmos. Inicialmente nos salva, mas no final ameaça-nos com afogamento. Em tais situações, uma defesa vital presente torna-se um resíduo anacrônico.

A resistência é, também, sempre uma resposta às necessidades múltiplas. O que é visto como resistência em um nível, pode, na verdade, estar satisfazendo necessidades em outro nível. O poeta Walt Whitman expressou isso adequadamente quando escreveu:

"Eu me contradigo?
Muito bem, então eu me contradigo
(Eu sou amplo, eu contenho multiplicidades.)"

Esse é o cerne da ambivalência. Por exemplo, você pode querer retornar à escola, em um nível; e, em outro, existirem necessidades de segurança e demandas de sua família que você também quer atender. Embora diga que quer retornar à escola, pode também trabalhar contra isso. Não é que você esteja simplesmente resistindo; existem, freqüentemente, necessidades opostas ou conflitantes — algumas das quais são mais importantes do que outras.

Quando o cliente vem para a terapia, ele não está valorizando sua resistência. É mais provável que ele tenha rejeitado, freqüentemente dissociado, aquela parte sua. Em conseqüência, o indivíduo está sempre em guerra consigo mesmo. Um lado seu está querendo correr riscos, ir para a frente e crescer; o lado oposto está resistindo, sendo relutante e protetor. Existe uma ambivalência acentuada da parte do cliente em relação à resistência. Inconscientemente ele está resistindo, mas em algum nível sente que está trabalhando contra si mesmo.

A ironia é que, se o terapeuta aceita com cuidado excessivo o desafio de "curar" alguém, a tendência é fazer surgir mais resistência! Isso ocorre porque, psicologicamente, o cliente tem funcionado dessa forma por muitos anos. Embora algumas vezes o cliente possa ver a resistência como um grande obstáculo, ele é incapaz de desistir dela. "Curar" alguém impõe um objetivo externo, em vez de encontrar a pessoa nesse ponto vulnerável.

A tarefa inicial do terapeuta dialógico é entender a sabedoria da resistência. Essa é uma mudança de atitude em relação à perspectiva tradicional. É um reconhecimento radical do "entre" da existência. Juntamente com essa compreensão, o terapeuta deve reconhecer, também, quão limitante a resistência pode ser. Isto é óbvio, e ainda assim precisa ser focalizado eficazmente mais tarde, no processo de terapia. Torná-lo predominante muito cedo é fazer da terapia um campo de batalha, com um "vencedor" e um "perdedor", em vez de ser um esforço para a cura. Trata-se de uma "dança" muito difícil, na qual o terapeuta é chamado a participar: a dança com o cliente e sua resistência. Ela tem um ritmo próprio — freqüentemente difícil de ser acompanhado. Dela se participa com cuidado, porque há muitos passos potencialmente errados.

É necessário ensinar ao cliente que impor objetivos "externos" a si mesmo para superar a resistência garante, *paradoxalmente,* que ela aumente. O primeiro passo neste processo é o terapeuta ajudar o cliente a *experienciar* sua resistência. Frida Fromm Reichmann disse uma vez que o paciente precisa de uma experiência, não de uma explicação! Uma vez que o cliente tenha uma noção vivencial de sua resistência, é então necessário ajudá-lo a reconhecer, entender e aceitar a resistência como parte *integral* do self. Não é uma tarefa pequena, dada a história do cliente de se desacreditar e de se dissociar de sua resistência. Entretanto, é, verdadeiramente, tomar como ponto de partida a experiência fenomenológica do cliente.

O VALOR CRIATIVO DA RESISTÊNCIA

O terapeuta precisa ver na resistência o seu valor *criativo.* Isso é freqüentemente uma reversão de figura e fundo contrária ao pensamento do cliente e até mesmo do terapeuta. É um desafio à nossa lógica normal. Apesar de muitos terapeutas terem discutido a natureza dual da resistência, nenhum deles, que eu saiba, tem colocado a ênfase central na sabedoria fenomenológica inerente à resistência.

Essa abordagem não pode ser um "truque", ou uma técnica usada pelo terapeuta. Antes, tem que ser uma apreciação *genuína* da parte resistente dessa pessoa. Com essa atitude, essa modelagem, o cliente é "convidado" a começar a apreciar uma parte até então rejeitada de si mesmo.

Um aspecto da tarefa é descobrir o que a resistência está "dizendo". Qual é a mensagem? Somente quando o cliente for capaz de entender e incorporar essa mensagem, a mudança genuína ocorrerá. A mensagem vem, freqüentemente, da parte mais profunda do self. Nenhum progresso real pode ser feito em terapia, até que o cliente esteja disposto, antes de tudo, a reconhecer e então *apreciar* a sabedoria de sua resistência: há alguma coisa de *inestimável* valor no comportamento resistente.

Uma vez que a pessoa pára de se "castigar" por causa da derrota face à resistência, então já foi alterada a dialética das expectativas irreais, por um lado, e, por outro, a sensação do conseqüente fracasso recorrente. Tão logo seja dado um crédito à resistência, o outro lado da dialética não precisa ser tão punitivo. Isso muda a dinâmica interna. *A resistência não deve ser castigada, mas sim abraçada!* A resistência não deve ser "quebrada", mas sim incorporada. A única forma de chegar onde se deseja, é aceitar onde se está, mesmo que o ponto em que se esteja não seja aquele em que deseja estar! Para o crescimento é preciso uma integração das polaridades aparentemente opostas[75]. É a valorização paradoxal de tudo o que há no próprio self, inclusive aquelas partes percebidas como indesejáveis, que inicia o caminho para a recuperação.

Uma questão fundamental que precisa ser colocada para o cliente é: "*Como* o comportamento resistente lhe dá suporte"? Um exemplo disso pode ser o de uma mulher de 50 anos de idade que foi obesa a vida toda e diz que quer perder peso mas não pode; e por isso castiga-se emocionalmente — sem nenhum benefício. De fato, isso é o que ela tem feito toda sua vida. Seu peso é a forma pela qual ela aprendeu a interagir com o mundo, com certa margem de "segurança". É *um monólogo desejoso de diálogo*. Há uma *força* psicológica no seu peso e na sua maneira de ser no mundo que não pode ser facilmente descartada. Por exemplo, para muitas mulheres com as quais tenho trabalhado, ser gorda tem sido uma maneira de se protegerem dos homens e da sexualidade. Colocando o peso entre elas e os homens, a ameaça de vulnerabilidade é reduzida. Também pode ser uma forma de tentar "amar" o próprio self. Quando você não consegue ter o amor dos outros, conseguir a "nutrição" através da comida pode ser um substituto — embora, obviamente, muito pobre.

Com outra cliente, o sintoma apresentado — ser depressiva — pareceu-me ter mais a característica de resistência que a de uma depressão clínica verdadeira. Sua depressão era, primariamente, "obstinação". Era uma proteção contra correr riscos com os outros,

---

75. Ver também os escritos de C. G. Jung.

especialmente na terapia. Ela se sentia freqüentemente "perdida", como se não houvesse opções para ela. Sua obstinação era afastar a ameaça dos outros, enquanto mantinha uma noção tênue de self. Era uma pessoa que tinha pouca confiança em si mesma e menos ainda na boa intenção dos outros. Seu muro de obstinação a protegia. Aí ela havia reivindicado um direito a seu "self" e, em função de sua história com os pais, não iria deixar ninguém "entrar", ou dizer-lhe o que fazer. Quanto mais adequado o conselho, mais ela resistia. Qualquer esforço meu para ultrapassar seu muro e estabelecer uma relação mais íntima entre nós era visto como uma afronta.

Quanto mais eu tentava alcançá-la diretamente, mais eu "falhava" — assim como outros antes de mim. Comecei a perder a esperança de algum dia estabelecer o tipo de relação que eu julgava necessária para proporcionar um ambiente de cura. À medida que eu começava a me sentir sem esperanças, ela, é claro, percebia isso agudamente, o que reforçava sua experiência de ser abandonada pelas pessoas. Por mais resistentes e apavorados que sejamos, todos ficamos *aterrorizados* diante da possibilidade de os outros desistirem de chegar até nós. Todos queremos desesperadamente ser alcançados, embora analogamente nos apavore a perda do self ou de nossa proteção. Esta é a ambivalência ontológica inerente em toda a resistência.

Finalmente, dei-me conta de que precisava entender a sagacidade de sua resistência. A resistência tinha sido sua "companheira" muito antes de eu iniciar uma relação com ela, e estaria lá muito depois do término da terapia. Isso não quer dizer que eu não poderia ajudá-la. Mas foi necessário para nós dois reconhecer antes um aspecto *essencial* da sua vida, que de uma forma anacrônica tinha lhe dado algo semelhante à proteção. Apenas aprendendo a confiar nessa parte de si mesma poderia ela fazer tentativas de confiar em mim. Por essa razão, eu lhe disse que ela precisava começar a valorizar, e até mesmo a "gostar" de sua obstinação, uma vez que era parte integrante de seu senso de self.

Em resposta a essa sugestão surpreendente, ela disse que se sentiu "desmascarada". De certo modo, fora esse o seu segredo. Em parte, era um segredo até para ela! Mais tarde, afirmou que poderia permitir-se apreciar o valor de sua obstinação por apenas alguns segundos a cada vez. A imagem que usou nesse ponto foi a de estar de um lado de uma barragem, enquanto a água subia do outro; ela colocava sacos de areia no topo. A pressão interna para transbordar o *container* — a resistência — era construída continuamente através do diálogo que se desenvolvia entre nós; e seu primeiro impulso era sustentar sua resistência com sacos de areia. Ao fazê-lo, ela não me permitia, e a ninguém mais, ajudá-la.

Esse era outro nível de resistência, já distante de suas defesas primitivas. Era um progresso! Ela era uma "Joana D'Arc psicológica", singularmente sozinha e estóica. Sob determinado ponto de vista, sua recusa em permitir qualquer assistência dos outros poderia ser vista como tola e, no mínimo, quixotesca; ainda assim, em uma postura genuinamente apreciativa de seus medos, o que mais impressionava era seu heroísmo. Psicologicamente sozinha e sentindo-se ameaçada, ela foi capaz de sobreviver. Era uma sobrevivência com um custo — o pacto faustiano com o diabo, que todos nós fazemos: nossos próprios medos são o diabo.

Aqui estavam incorporadas *tanto a grandeza quanto a tragédia da vida humana*. Conseqüentemente, eu lhe disse que ao menos reconhecesse seu heroísmo nessa luta! Isso foi muito desconcertante para ela, já que sempre se criticou impiedosamente por essa atitude de "dê-conta-sozinha"; mesmo que, durante anos, não tenha conseguido deixar que ninguém a ajudasse e experienciado a vulnerabilidade que isso acarreta. Esse foi o início tênue do aprendizado para reassumir aquele aspecto dela previamente rejeitado. Ela estava começando a reconhecer que possuía muito mais que simplesmente *awareness* e objetivos conscientes. Esse foi o primeiro passo em direção ao reconhecimento e integração de seu ser como um todo.

"TRANSFERÊNCIA"

A resistência do cliente é freqüentemente um aspecto do que tradicionalmente é chamado de transferência. O cliente se manifesta na situação terapêutica com muitos dos mesmos medos e expectativas que ele tem em outras situações interpessoais. Entretanto, isso não significa, como já se pensou, que o cliente sobreponha experiências anteriores à situação terapêutica, sem considerar quem é o terapeuta ou como ele responde.

A resistência transferencial é, em grande parte, uma função do "entre", do encontro terapeuta/cliente. Não há resistência se não houver alguém a quem se possa ser resistente — esteja presente, ou imaginado como presente. Stolorow & Brandchaft (1987) apontam para as vastas implicações da compreensão intersubjetiva da resistência:

"Quando defesas contra o afeto surgem no tratamento, elas devem ser entendidas como originadas na expectativa do paciente, ou no medo da transferência, de que seus estados emocionais emergentes encontrarão a mesma falta de responsividade que encontraram naqueles de quem receberam os primeiros cuidados. Além disso, essas resistências contra o afeto não podem ser interpretadas como resultantes unicamente de processos intrapsíquicos dentro do paciente. Tais resistências são, muito freqüentemente, provocadas por eventos que estão ocorrendo no diálogo intersubjetivo da situação analítica, que sinalizam para o paciente uma falta de receptividade da parte do analista para com seus estados emocionais emergentes e, por isso, trazem notícias da ocorrência traumática da falha original do self-objeto. (pp. 8-9)

A falta de responsividade do terapeuta, ou um tipo particular de resposta, podem provocar ou aumentar a resistência. Toda interação resistente aumenta o espectro de um "desencontro" potencial. Blatt e Erlich (1982) expressam claramente essa questão:

"A resistência é tanto uma experiência na relação terapêutica, para a qual contribui em parte o estilo do terapeuta, quanto um processo dinâmico dentro do paciente. A resistência é uma conseqüência natural da transação entre as formas características de o paciente se relacionar e o estilo e a habilidade terapêuticas do analista. Como tal, isso constitui um aspecto integral do processo terapêutico em desenvolvimento". (1982, p. 71)

No contexto terapêutico a resistência é inextricavelmente um fenômeno do "entre" — o campo intersubjetivo.

A RESISTÊNCIA "ENTRE"

Uma das questões inquietantes da alma que precisa ser questionada em toda psicoterapia é: quem está sendo resistente: o cliente ou o terapeuta? *Freqüentemente ambos.* Uma tendência humana natural dos terapeutas, como autoprotetores, é ficar na defensiva diante da resistência do cliente. A principal defesa do terapeuta é observar a resistência apenas como uma defesa do cliente — nesse ponto, defesa encontra defesa; resistência encontra resistência. A resistência do cliente é freqüentemente exacerbada pela própria resistência do terapeuta, ou seja, as expectativas e os medos que não permitem ao terapeuta abranger o comportamento do cliente. O desenrolar da terapia torna-se bloqueado, o que tem levado alguns terapeutas a propor que não existem clientes resistentes, somente terapeutas resistentes! Isso joga o pêndulo para a direção oposta e, mais uma vez, viola a perspectiva dialógica, como o fez o ponto de vista mais tradicional em que o cliente era o único a ser resistente.

Uma das formas mais básicas de resistência do terapeuta e que pode emergir secretamente acontece quando o terapeuta impõe um método na terapia que não é consoante com as necessidades do cliente. Basch (1982), por exemplo, escrevendo dentro da tradição psicanalítica, afirma: "Muito do que é chamado de resistência em psicoterapia é um artefato. É um impasse terapêutico, gerado pelo esforço do terapeuta em introduzir um modelo de tratamento psicanalítico de psiconeuroses na psicoterapia de pacientes cujos distúrbios têm uma base diferente" (p. 10). Esse é um perigo contra o qual todo terapeuta precisa estar resguardado. O objetivo da terapia é fazer contato com o cliente, não com a teoria! Algumas vezes, em nosso entusiasmo por teorias explicativas, perdemos isso de vista.

A própria resistência do terapeuta é a força mais potente a contribuir para o impasse terapêutico; muito mais até que sua orientação teórica. Terapeutas *são* seres humanos — profissionais bem treinados, mas sujeitos também a todos os caprichos da vulnerabilidade humana que nossos clientes exibem. De fato, é essa própria humanidade que contribui para a cura em terapia. Os clientes podem ver as falhas humanas do terapeuta, assim como sua coragem, esforçando-se para lidar com essas limitações existenciais. Este é um modelo importante para o cliente. *As limitações humanas do terapeuta não são um ponto de parada, mas antes um ponto de encontro no plano da humanidade comum — um plano onde todos precisamos primeiro nos encontrar antes de estarmos dispostos a confiar e arriscar nos outros.* Esta abertura sinaliza um terapeuta em crescimento.

Certamente há também sabedoria na resistência do terapeuta. Ela informa ao terapeuta quais são os limites entre sua abertura e a aceitação dos outros, e a necessidade de expandir ainda mais esses limites. Entretanto, é claro que é solicitado mais do terapeuta do que do cliente. Essa é uma das limitações normativas da mutualidade em terapia. O terapeuta está ali para o cliente, e não vice-versa.

O terapeuta, certamente, se tornará *aware* de algumas de suas resistências na terapia, embora esse *não* seja o foco da mesma. Se existem resistências significativas da parte do terapeuta, está claro que deverão ser levadas para fora da terapia, para supervisão, ou até mesmo para a própria terapia, se a resistência for mais uma função da personalidade do terapeuta.

O encontro terapêutico precisa estar consistentemente sob foco e ser mantido "nos trilhos", e não deve ser desencaminhado pelos repetidos "desencontros" que perseguiram o cliente em sua vida. Alguns desencontros irão sempre acontecer. Não se pode evitar. Entretanto, se houver resistências significativas e sérias do terapeuta, ele deve encarar sua parte nesse desencontro, e não deveria servir como uma condenação do cliente.

A relação é fundamental em toda terapia, mas talvez o seja especialmente no trato com a resistência. É necessário uma aliança de trabalho sólida para se lidar bem com a resistência. É aí que todos os "créditos" conquistados na relação serão requisitados. Em última instância, é a confiança no terapeuta e na relação que estabelece uma ponte sobre a aparente divisão criada pela resistência. A confiança na relação é que o permite a ambos passar pelos desencontros. A menos que haja um pouco de boa vontade e confiança, o cliente não será capaz de incorporar a abordagem do terapeuta ao valorizar sua resistência.

A RESISTÊNCIA COMO UM PONTO DE CONTATO

É tarefa criativa do terapeuta poder encontrar o cliente *no ponto* de sua resistência. Toda resistência é, por um lado, evitação de um comportamento, e, por outro, contato intrapsíquico consigo mesmo; é o contato com antigas necessidades de defesa ao passo que, paralelamente, ocorre o contato interpessoal — indiretamente, como deve ser. É indiretamento porque é um contato *através* do conflito. A resistência é contato, não meramente contato contra. Não é um "encontro" direto mas antes, um contato defensivo e marcadamente delimitado.

Sua importância é ressaltada pela realidade de que, precisamente nesse ponto, outros abandonaram aquela pessoa, por um conflito aparentemente insolúvel. Talvez não seja o contato que a pessoa do terapeuta deseje; no entanto, esse é o contato. A resistência do cliente é sempre um desafio para o terapeuta: como estabelecer contato com essa pessoa no ponto da resistência. Talvez este seja o grande desafio que o terapeuta encara — o desafio de, genuinamente, "estar com" alguém experienciado como opositor. Buber disse uma vez: "Os limites de possibilidade do diálogo são os limites de *awareness*" (1965a, p. 10). O desafio do terapeuta é encontrar, criativamente, os meios de estabelecer um diálogo com essa pessoa e sua resistência. *A resistência é parte e parcela da pessoa como um todo, não uma anomalia.*

O desafio para o terapeuta é encontrar o cliente no ponto de contato, de modo a incluir a resistência em vez de ameaçá-la. É ver, genuinamente, a resistência como ponto de contato *entre* e não meramente como uma força de oposição. Schlesinger (1982) afirma isso desta maneira:

> "Estamos, portanto, interessados na resistência e gostaríamos de saber mais sobre ela; o porquê de o paciente precisar se comportar dessa forma. Observem o paradoxo: embora o paciente possa estar se esforçando para se opor a nós, guardar informações, negar cooperação, ou, mais sutilmente, evitar colaborar na tarefa terapêutica, o paciente resistente também está transmitindo uma boa quantidade de informações, e num sentido maior está cooperando totalmente com o tratamento... Em vez de ficar desanimado com a resistência, o terapeuta poderia muito bem saudá-la," (p. 27)

É uma tarefa que pode se tornar um esforço compartilhado entre terapeuta e cliente. É uma luta para ir além da compreensão ausente. É uma luta de Prometeu, no sentido de mútua compreensão. Põe em destaque a humanidade básica de *ambos*, terapeuta e cliente. Esse esforço não é apenas um ponto de contato ampliado, mas traz, de fato, a possibilidade de ser *um meio essencial para a cura!* Isso ocorre porque é exatamente nesse ponto que o cliente está mais ferido, e demarca um novo nível de encontro entre o cliente e o terapeuta. É um nível além do falso self para ambos, cliente e terapeuta. Está além do artifício. É o verdadeiro mergulho no labirinto que conduz em direção à autenticidade.

O terapeuta, além de uma pessoa com características próprias, também representa a polaridade "inimiga" da parte resistente do cliente. Conseqüentemente, há sempre um conflito potencial. A tarefa do terapeuta não é estabelecer-se como o "inimigo", a polaridade oposta, mas sim conseguir unir-se às forças do cliente — tanto as que o impulsionam para a frente, quanto as que o fazem resistir.

Ver a resistência como legítima e essencial, até mesmo como uma "sabedoria", significa que o terapeuta deve encontrar o cliente no ponto da resistência, bem como unir-se a ela. "Unir-se a" é o próximo movimento, depois do *contato* com o ponto de resistência. Vários terapeutas têm falado sobre a necessidade de "aliar-se" à resistência. Certamente, é uma *conseqüência* desta abordagem.

Entretanto, "aliar-se" apenas tecnicamente não é o mesmo que apreciar genuína e profundamente a sabedoria da resistência. Somente depois de ter feito contato *no ponto* da resistência, o terapeuta pode *unir-se à* resistência, genuinamente. "Aliar-se" significa pôr-se no lugar do cliente. Talvez seja melhor dizer que é necessário se colocar como o lado resistente do cliente, porque o cliente por si mesmo pode não estar completamente *aware,* ou consciente, de sua resistência. Aliar-se à resistência é uma forma de aikidô psicológico[76]. Evita-se a força agressiva do oponente e reflete-se a mesma energia de volta para ele.

Somente quando é possível aliar-se à resistência pode a cura genuína — tornar-se inteiro — ocorrer. "Aliar-se" significa não se opor em força — nem criar uma ameaça, ou uma reação defensiva contra a qual o cliente tenha que resistir. De fato, a dinâmica da resistência requer uma força de oposição que a reforce, "dando-lhe"

---

76. O *aikidô* é uma forma oriental de defesa não agressiva, em que o defensor utiliza o golpe agressivo do atacante para desviar o ataque.

energia. Conseqüentemente, tão logo o terapeuta sai do caminho do cliente, como no aikidô psicológico, ele desanima. A resistência é como uma reação do reflexo patelar em relação à oposição percebida, de modo que a pessoa não sabe muito bem o que fazer quando esta oposição está ausente. Como conseqüência, o cliente precisa de algum tempo para se "organizar". Também levará algum tempo até que o cliente reconheça que o terapeuta não é realmente o inimigo e que pode até ser um aliado. Aliados podem unir forças e utilizar suas energias combinadas para exorcizarem os "fantasmas" que assombram o cliente.

Ao aliar-se à resistência, o terapeuta está se colocando do lado do self amedrontado do cliente. A resistência, embora real em si mesma, é freqüentemente uma expressão do que Winnicott chamou de "falso self". Freqüentemente, por trás disso está uma parte bastante diminuída do self total — o "verdadeiro" self escondido. De muitas formas, pode-se dizer que o verdadeiro self tem estado escondido todo esse tempo em um "cubículo" psicológico. As camadas de defesas e da resistência o enclausuraram. Aliar-se à resistência sinaliza o desejo do cliente de entrar suavemente naquele pequeno "espaço" onde reside o verdadeiro self. É fazer um convite e não forçar a entrada. É perguntar ao verdadeiro self do cliente, quase como se pergunta a uma criança assustada, se tudo bem invadir a sagrada privacidade deste lugar escondido.

É imensamente criativo, embora difícil algumas vezes, descobrir os "esconderijos" do cliente, entrar nesses "espaços" e sentir como deve ser para ele estar tão amedrontado. Isso informará ao cliente: "Há alguém aqui comigo que se importa." É um reconhecimento existencial profundo da parte oculta de todos nós. É o fim da ilusão do cliente de que ele não é o único a ter tanto medo. Dá a ele a oportunidade de reconhecer que estar "escondido" é uma realidade existencial, não um estado patológico. É reconhecer nossa humanidade comum. É este reconhecimento existencial profundo e compartilhado que permite a cura. Não é preciso lutar contra, mas sim compreender os medos comuns.

Entretanto, há também a possibilidade de que, às vezes, a resistência seja *apenas* resistência. O esforço inicial de encontrar-se no ponto da resistência, compartilhando-a, não exclui esforços ainda maiores para desafiar a resistência. De fato, esse desafio, talvez um "empurrão de apoio", só deva ocorrer depois que o terapeuta entenda totalmente os significados do cliente, tenha empatizado com eles e estabeleça um vínculo com a pessoa que proporcione o contexto para tal "empurrão". A necessidade e o momento oportuno de quando desafiar a resistência é, algumas vezes, difícil de discernir. Novamente, isto faz parte da arte da psicoterapia. Em certas ocasiões, o cliente precisa de alguém que esteja interessado, que se importe, que busque unir-se a ele e, ainda assim, que também esteja disposto a desafiá-lo de uma forma amorosa. Muito freqüentemente, trata-se de uma experiência nova para o cliente.

Não há perigo algum de que todas as resistências sejam "eliminadas". Isto é uma ficção psíquica. Se isso acontecesse, teríamos uma "esponja psíquica", não uma pessoa! Nossa tarefa, como terapeutas, é ajudar os clientes a se tornarem *aware* daquelas resistências que interferem grosseiramente no funcionamento saudável. Significa, também, reconhecer que certas "resistências" são, de fato, *partes de nossa existência* e são parte do estar-no-mundo.

Não se exige de nós, como seres humanos, uma abertura completa — o que também não é possível. O desafio humano é estabelecer um equilíbrio criativo entre a parte que temos escondida e a parte que está aberta.

Bibliografia

Atwood, G. E., & Stolorow, R. D. *Structures of subjectivity: Explorations in psychoanalytic phenomenology*. Hillsdale, NJ: The Analytic Press, 1984.

Berger, D. M. *Clinical empathy*. Northvale, NJ: Jason Aronson, Inc., 1987.

Barret, W. *The illusion of technique*. Nova York: Anchor Books, 1979.

Basch, M. F. Dynamic psychotherapy and its frustrations. In P. L. Wachtel (org.), *Resistance: Psychodynamic and behavioral approaches*. Nova York: Plenum Press, 1982.

Binswanger, L. The case of Ellen West. In R. May E. Angel & H. F. Ellenberger (orgs.), *Existence: A new dimension in psychiatry and psychology* (pp. 237-364). Nova York: Basic Books, 1958 (edição original publicada em 1944).

Blatt, S. J. & Erlichm, H. S. Levels of resistance in the psychoterapeutic process. In P. I. Wachtel (org.) *Resistance: Psychodynamic and behavioral approaches.* Nova York: Plenum Press, 1982.

Blum, H. P. (org.) *Defense and resistance: Historical perspectives and current concepts.* Nova York: International Universities Press, Inc., 1985.

Boss, M. *Existential foundations of medicine and psychology.* Nova York: Jason Aronson, 1979.

Boszormenyi-Nagy, I. & Spark, G. M. *Invisible loyalties.* Nova York: Harper and Row, 1973.

Boszormenyi-Nagy, I. & Krasner, B. R. *Between give and take: A clinical guide to contextual therapy.* Nova York: Brunner/ Mazel, 1987.

Brandchaft, B., & Stolorow, R. The borderline concept: Pathological character or iatrogenic myth? In Lichtenberg, J. (org.) *Empathy, Vol. 2.* Hillsdale, NJ: Analytic Press, 1984.

Brice, C. W. Pathological modes of human relating and therapeutic mutuality: A dialogue between Buber's existential-relational theory and object-relations theory. *Psychiatry: Journal for the Study of Interpersonal Processes, 47,* 109-123, 1984.

Brice, C. W. Comunicação pessoal (30 de janeiro de 1985).

Brice, C. W. *What forever means: An empirical existential-phenomenological investigation of the maternal mourning of a child's death.* Dissertação de doutoramento não publicada. Ann Arbor, MI: University Microfilms International, 8805348, 1987.

Buber, M. *Eclipse of God: Studies in the relation between religion and philosophy.* Nova York: Harper & Row, Publishers, Incorporated, 1952a.

Buber, M. *Good and evil* (trad. de R. G. Smith). Nova York: Charles Scribner and Sons, 1952b.

Buber, M. Religion and modern thinking. In M. Buber, *Eclipse of God: Studies in the relation between religion and philosophy* (pp. 63-92). Nova York: Harper & Row, Publishers, Incorporated, 1952c.

Buber, M. Supplement: Reply to C. G. Jung. In M. Buber, *Eclipse of God: Studies in the relation between religion and philosophy* (pp. 63-92). Nova York: Harper & Row, Publishers,

Incorporated, 1952d.

Buber, M. Healing through meeting. In M. Buber, *Pointing the way* (pp. 93-97). (Trad. e org. de M. S. Friedman). Nova York: Schocken Books, 1957a. (Edição original publicada em 1952.)

Buber, M. *Pointing the way.* Nova York: Schocken Books, 1957c.

Buber, M. *Hasidism and modern man.* M. Friedman (org. e trad.) Nova York: Harper & Row, Publishers, 1958a.

Buber, M. *I and thou* (trad. de R. G. Smith) Nova York: Charles Scribner and Sons, 1958b. (Edição original publicada em 1923.)

Buber, M. Postscript. *In I and thou* (trad. de R. G. Smith) Nova York: Charles Scribner and Sons, 1958c. (Edição original publicada em 1923.)

Buber, M. *Between man and man* (trad. de R. G. Smith). Nova York: The Macmillan Co., 1965a.

Buber, M. *The knowledge of man: A philosophy of the interhuman.* Introduction by M. S. Friedman (trad. de M. S. Friedman & R. G. Smith). Nova York: Harper & Row, 1965b.

Buber, M. *A believing humanism: Gleanings* (trad. de M. S. Friedman). Nova York: Simon & Schuster, 1967.

Buber, M. *Meetings.* LaSalle, Il: Open Court Publishing Co., 1973.

Bugental, J. F. T. *The search for authenticity.* Nova York: Holt, Rinehart and Winston, Inc., 1965.

Bugental, J. F. T. *The search for existential identity: Patient-therapist dialogues in humanistic psychoterapy.* San Francisco: Jossey-Bass Publishers, 1971.

Bugental, J. F. T. Réplica ao painel de apresentação de psicoterapia dialógica. Symposium on Existential-Dialogical Psychoterapy, San Diego, março de 1985.

Bugental, J. F. T. *The art of the psychotherapist.* Nova York: W. W. Norton & Company, 1987.

Colm, H. *The existentialist approach to psychotherapy with adults and children.* Nova York: Grune & Stratton, Inc. 1966.

Deikman, A. *The observing self: Mysticism and psychotherapy.* Boston: Beacon Press, 1983.

DeLeo, J. V. *Psychoanalitic and dialogical psychoterapy.* Presentation at the meeting of The Institute for Existential-Dialogical

Psychoteraphy, San Diego, setembro de 1984.

DeLeo, J. V. *Diagnosis and treatment in dialogical psichoterapy.* Presentation at the meeting of The Institute for Existential-Dialogical Psychoteraphy, San Diego, janeiro de 1985.

DeLeo, J. V. Dialogical Psychoterapy: Clinical implications. Perspectives: *The Journal of Dialogical Psychoterapy,* 1 (1), primavera de 1987.

DeLeo, J. , Friedman, M., & Hycner, R. *Perspectives: The Journal of Dialogical Psychoterapy, 1* (1), 1987.

DeLeo, J. V. Martin Buber and Psychoterapy: An introduction to dialogical psychoterapy, 1989.

Downing, C. Re-visioning the psychology of women: An existential-dialogical approach. *Perspectives: The Journal of Dialogical Psychoterapy, 1* (1), 1987.

Edwards, D. G. *Existential psychoterapy: The process of caring.* Nova York: Gardner Press, Inc., 1982.

Farber, L. H. *The ways of the will: Essays toward a psychology and psychopatology of the will.* Nova York: Basic Books, 1966.

Farber, L. H. Martin Buber and psychoteraphy. In P. A. Schilpp & M. S. Friedman (orgs.). *The philosophy of Martin Buber* (pp. 557-601). LaSalle: Open Court, 1967.

Farber, L. H. *Lying, despair, jealousy, envy, sex, suicide, drugs, and the good life.* Nova York: Harper & Row, Publishers, 1976.

Firestone, R. W. *The fantasy bond: Structure of psychological defenses.* Nova York: Human Sciences Press, Inc., 1985.

Fischer, C. T. *Individualizing psychological assessment.* Monterey: Brooks/Cole Publishing Company, 1985.

Frank, K. A. (org.) *The human dimension in psychoanalytic practice.* Nova York: Grune & Stratton, 1977.

Frankl, V. *The doctor and the soul.* Winston, R. & Winston, C. (trads.). Nova York: Alfred A. Knopf, 1955.

Frankl, V. *From death-camp to existentialism: A psychiatrist's path to a new therapy.* Lasch, I. (trad.) Boston: Beacon Press, 1959.

Freud, S. Analysis terminable and interminable. *The Standard Edition,* Vol. 23. Londres: Hogarth Press, 1937/1964.

Freud, S. *The future of an illusion.* J. Strachey (trad.) Nova York:

W. W. Norton & Co.., 1961.

Friedman, A. *The healing partnership: A guide to pain therapy* (no prelo).

Friedman, M. S. Healing through meeting: Martin Buber and psychoterapy. *Cross currents,* 1955.

Friedman, M. S. Martin Buber & psychiatry. *Pastoral Psychology,* dezembro de 1956.

Friedman, M. S. "Introduction." In M. Buber, *Hasidism and modern man.* Nova York: Harper & Row, Publishers, 1958.

Friedman, M. S. Dialogue and the essential we: The bases of values in the philosophy of Martin Buber. *American Journal of Psychoanalysis, 20* (1), 1960a.

Friedman, M. S. *Martin Buber: The life of dialogue.* New York: Harper & Row. (Edição original publicada em 1955), 1960b.

Friedman, M. S. Will, decision, and responsibility in the thought of Martin Buber. *Review of Existential Psychology & Psychiatry,* 1961.

Friedman, M. S. Sex in Sartre and Buber. *Review of Existential Psychology & Psychiatry. 3* (2), 1963.

Friedman, M. S. Existential Psychoterapy and the image of man. *Journal of Humanistic Psychology,* 1964a.

Friedman, M. S. *The worlds of existentialism.* Chicago: University of Chicago Press, 1964b.

Friedman, M. S. Introductory essay. In Buber, M. *The knowledge of man: A philosophy of the interhuman.* (trad. de M. S. Friedman & R. G. Smith). Nova York: Harper & Row, 1965.

Friedman, M. S. Martin Buber's final legacy: *The knowledge of man. Journal for the Scientific Study of Religion,* 1966.

Friedman, M. S. Dialogue and the unique in humanistic psychology. *Journal of Humanistic Psychology, 12* (2), 1972a.

Friedman, M. S. *Touchstones of reality: Existential trust and the community of peace.* Nova York: E. P. Duton and Co., Inc., 1972b.

Friedman, M. S. *The hidden human image.* Nova York: Dell Publishing Company, Inc., 1974.

Friedman, M. S. Healing through meeting: A dialogical approach to psycotherapy. *American Journal of Psychoanalysis, 35,* (3 & 4), 1975.

Friedman, M. S. Aiming at the self: The paradox of encounter and the human potential movement. *Journal of Humanistic Psychology, 16*(2), 1976a.

Friedman, M. S. Healing through meeting: A dialogical approach to psycho and family therapy. In I. Smith (org.) *Psychiatry and the Humanities.* New Haven: Yale University Press, 1976b.

Friedman, M. S. The self and the world: Psychoterapy and psychologism in Martin Buber's I and Thou. *Review of Existencial Psychology & Psychiatry, 15* (1), 1977.

Friedman, M. S. *The confirmation of otherness: in family, community and society.* Nova York: The Pilgrim Press, 1983a.

Friedman, M. S. Second Visit to America: Encounter with psychoterapy. *In* M. S. Friedman, *Martin Buber's life and work: The late years, 1945-1965* (pp. 205-229). Nova York: E. P. Dutton, Inc., 1983b.

Friedman, M. S. *Contemporary psychology: Revealing and obscuring the human.* Pittsburgh: Duquesne University Press, 1984.

Friedman, M. S. *The healing dialogue in psychoterapy.* Nova York: Jason Aronson, 1985a.

Friedman, M. S. Healing through meeting and the problematic of mutuality. *Journal of Humanistic Psychology, 25*(1), 7-40, 1985b.

Friedman, M. S. *Martin Buber and the eternal.* Nova York: Human Sciences Press, Inc., 1986.

Friedman, M. S. Rollo May to speak for Institute for Dialogical Psychoterapy. Circular para a Association for Humanistic Psychology, março de 1990.

Gilligan, C. *In a different voice: Psychological theory and women's development.* Cambridge, MA: Harvard University Press, 1982.

Gillis, H. M. *Toward a dimension of healing: Therapist expression of feeling in psychoterapy.* Dissertação de doutoramento não publicada, California School of Professional Psychology, San Diego, 1979.

Giorgi, A. *Psychology as a human science.* Nova York: Harper & Row, 1970.

Graf-Taylor, R. Freedom in dialogical psychoterapy. Esboço não publicado de uma proposta de dissertação, Professional School of Psychological Studies, San Diego, 1990.

Greening, T.C. Encounter groups from the perspective of existential humanism. *In* T.C. Greening (org.) *Existential humanistic psychology*. Belmont, Calif.: Brooks/Cole, 1971.

Greenson, R. R. The "real" relationship between the patient and the psychoanalyst. *In* R. R. Greenson (org.) *Explorations in Psychoanalisys* (pp. 425-440). Nova York: International Universities Press, 1978.

Guntrip, H. *Schizoid phenomena, object-relations and the self.* Nova York: International Universities Press, Inc., 1969.

Guntrip, H. My experience of analysis with Fairbairn and Winnicot (How complete a result does psychoanalytic therapy achieve?) *International Review of Psychoanalysis, 2,* 145-156, 1975.

Halling, S. *The recognition of a significant other as unique person: An empirical-phenomenological investigation.* Dissertação de doutoramento não publicada, Duquesne University, 1976.

Heidegger, M. *Being and time.* (trad. de J. Macquarrie & E. Robinson). Nova York: Harper & Row, 1962.

Hycner, R. H. Dialogical gestalt Therapy: An initial proposal. *The Gestalt Journal, 8* (1), 1985a.

Hycner, R. H. Some guidelines for the phenomenological analysis of interview data. *Human Studies.* 8(2), 1985b.

Hycner, R. H. Phenomenology, science, mystery & mastery: A passionate statement . *The Psychological Study of Social Problems. 1*(2), 1986.

Hycner, R. H. An interview with Erving and Miriam Polster: The dialogic dimension in gestalt therapy. *The Gestalt Journal, 10*(2), 1987.

Hycner, R. H. , DeLeo, J. V., & Friedman, M. S. (orgs.) *Perspectives: The Journal of dialogical Psychoterapy, 2*(1), primavera de 1988.

Hycner, R. H. *The healing relationship: Interviews with existential-humanistics psychoterapists; Ivan Boszormenyi-Nagy, James F. T. Bugental, Rollo May. Erwin Polster, Miriam Polster, Virginia Satir, and Irving Yalom* (trabalho em andamento), 1989.

Jacobs, L.M. *I-thou relation in gestalt therapy*. Dissertação de doutoramento não publicada. California School of Professional Psychology, Los Angeles, 1978.

Jacob, L.M. Dialogue in gestalt theory and terapy. *The Gestalt Journal 12*(1), 25-67, 1989.

Jacoby, M. *The analytic encounter*. Toronto: Inner City Books, 1984.

Jourard, S.M. *Disclosing man to himself.* Nova York: D. Van Nostrand, 1968.

Jung C. G. Reply to Buber. (Editorial Foreword by E. Whitmont; R. Clark, Trans.) Spring, 1.9,1956. (edição original publicada em 1952.)

Jung, C. G. *Memories, dreams, reflections.* A. Jaffe (org.); R.Y.C. Winston (trad.). Nova York: Vintage Books, 1961. [existe edição brasileira].

Jung, C. G. (org.) *Man and his symbols.* Nova York: Dell Publishing Co., 1964 [existe edição brasileira].

Katz, R. L. Martin Buber and psychotherapy. *Hebrew Union College Annual, 41,* 1975.

Keen, E. *Three faces of being: Toward an existential clinical psychology.* Nova York: Appleton-Century-Crofts, 1970.

Kohut, H. *The analysis of the self.* Nova York: International Universities Press, 1971.

Kohut, H. *The restoration of the self.* Nova York: International Universities Press, 1977.

Kohut, H. *How does analysis cure?* (A. Goldberg, org., com a colaboração de P. Stepansky). Chicago: The University of Chicago Press, 1984.

Krasner, B. R. Trustworthiness: The primal family resource. In M. Karpel (org.), *Family resources.* Nova York: The Guilford Press, 1986.

Kron, T. & Ungman, R. The dynamics of intimacy in group therapy. *International Journal of Group Psychoterapy 37*(4), 529-548, 1987.

Kron, T. Two supervision case studies and their political context: An Arab therapist with a Jewish client: A Jewish therapist with a Arab client. Presentation at the Institute for Dialogical

Psychotherapy, July meeting, San Diego, CA, 1990.

Laing, R. D. *The divided self.* Baltimore: Penguin Books, 1965.

Lambert, M. J. *A guide to psychotherapist and patient relationship.* Hoomewood. IL.: Dorsey Professional Series, 1982.

Langs, R . & Searles, H. F. *Intrapsychic and interpersonal dimensions of treatment: A clinical dialogue* . Nova York: Jason Aronson, 1980.

Leavy, S. A. *The psychoanalytic dialogue.* New Haven: Yale University Press, 1980.

Levitsky, A. & Perls, F. The rules and games of gestalt therapy. In J. Fagan & I. E. Shepherd (orgs.). *Gestalt therapy now.* Nova York: Harper & Row, Publishers, 1970.

Lifton, R. J. *The life of the self: Toward a new psychology.* Nova York: Simon & Schuster, 1976.

Marcel, G. *Being and having* (trad. de K. Farrer). Boston: Beacon Press, 1951

Marcel, G. *The philosophy of existentialism* (trad. de M. Harari). Nova York: Philosophical Library, 1956.

Marcel, G. Faith and reality (trad. de R. Hague.) In *The mystery of being,* Vol. 1. Chicago: Henry Regnery, Gateway Edition, 1960.

Marcel, G. Reflection and Mystery (trad. de G. S. Fraser). In *The mystery of being,* Vol. 11. Chicago: Henry Regnery, Gateway Edition, 1960.

Marshall, R. J. *Resistant interactions: Child, family and psychoterapist.* Nova York: Human Sciences Press, Inc., 1982.

Maslow, A. H. *Religions, values and peak-experiences.* Nova York: The Viking Press, 1964.

Maslow, A. H. *Toward a psychology of being* (2a. ed.). Nova York: D. Van Nostrand Company, 1976.

Maslow, A. H. Interpersonal (I-Thou) knowledge as a paradigm for science. In A. Maslow, *The psychology of Science: A reconaissance* (pp. 102-118). Chicago: Henry Regnery Company, 1969.

Maslow, A. H. *The farther reaches of human nature.* Nova York: The Viking Press, 1971.

May, R., Angel, E., & Ellenberger, H. F. (orgs.). *Existence.* Nova

York: Simon & Schuster, 1959.

May, R. *Love and will.* Nova York: Dell Publishing Co., Inc., 1969.

May, R. *Freedom and destiny.* Nova York: W. W. Norton & Company, 1981.

May, R. *The discovery of being: Writings in existential psychology.* Nova York: W. W. Norton & Company, 1983.

Merleau-Ponty, M. *The phenomenology of perception.* Nova York: Routledge and Kegan Paul, 1962. (Edição original publicada em 1945.)

Merleau-Ponty, M. *The primacy of perception and other essays on phenomenological psychology, the philosophy of art, history and politics.* (org. Edie, J. M.). Evanston, IL: Northwestern University Press, 1964.

Merleau-Ponty, M. *The visible and the invisible.* (trad. A. Lingis; org. C. Lefort) Evanstone, IL: Northwestern University Press, 1968 (edição original publicada em 1964).

Minuchin, S. & Fishman, H. C. Families. In S. Minuchin & H.C. Fishman, *Family therapy techniques* (pp. 11-27). Cambridge: Harvard University Press, 1981.

Muller, J. P. & Richardson, W. J. *Lacan and Language: A readers's guide to Ecrits.* Nova York: International Universities Press, Inc. 1982.

Naranjo, C. I and thou, here and now: Contributions of gestalt therapy. In F. Stephenson (org.). *Gestalt therapy primer.* Chicago: Charles Thomas Publishers, 1975.

Noel, J. R. & DeChenne, T. K. Three dimensions of psychoterapy: I-We-Thou. In D. A. Wexler & L. N. Rice (orgs.). *Innovations in client centered therapy.* Nova York: John Wiley & Sons, 1974.

Perls, L. Presentation for the Los Angeles Gestalt Institute, Los Angeles, 1976.

Phillips, J. Transference and encounter: The terapeutic relationship in psychoanalytic and existential psychotherapy. *Review of existential Psychology & Psychiatry.* 18 (2 & 3), 1980-81.

Pickering, G. *Creative malady.* Nova York: Dell Publishing Co., Inc. 1974.

Polster, E. Palestra proferida num seminário de treinamento em Gestalt-terapia. San Diego, 1979.

Polster, E. *Every person's life is worth a novel*. Nova York: W. W. Norton & Co., 1987.

Polster, M. Palestra proferida num seminario de treinamento em Gestalt-terapia, San Diego, 1984.

Polster, E. & Polster, M. *Gestalt therapy integrated*. Nova York: Vintage Books, 1973.

Polster, E. & Polster, M. Intervenções feitas na Second Annual Conference on Dialogical Psychotherapy, San Diego, 1986.

Rilke, M. R. *Were silence reigns: Selected prose*. (Trad. G. C. Houston). Prefácio de D. Levertov. Nova York: New Directions Publ. Co., 1978.

Rioch, M. J. The meaning of Martin Buber's "Elements of the Interhuman" for the practice of psychotherapy, *Psychiatry: The Journal of Interpersonal Processes, 23*, 133-140, 1960.

Rogers, C. R. *On becoming a person*. Boston: Houghton Mifflin Co.,1961.

Rogers, C. R. The interpersonal relationship: The core of guidance. In C. R. Rogers & B. Stevens (orgs.), *Person to person: The problem of being human*. Nova York: Real People Press, 1967a.

Rodgers, C. R. *Freedom to learn*. Columbus: Charles E. Merril Publishing Company, 1969.

Rogers, C. R. *A way of being*. Boston: Houghton Mifflin, 1980.

Rogers, C. R. In W. Bennis, "Walking softly through life". Entrevista de Carl Rogers, feita por Warren Bennis, gravada em vídeo, 1986.

Rogers, C. R. & Stevens, B. *Person to person*. Nova York: Real People Press, 1967b.

Sall, G. *Toward a psychotherapy of dialogue: A meeting of Carl Jung, Martin Buber and Herman Hesse*. Dissertação de doutoramento não publicada, California School of Professional Psychology, San Diego, 1978.

Sartre, J. P. *Search for a method*. Nova York: Random House, 1963.

Sborowitz, A. Beziehung und bestimmung, Die Lehren von Martin Buber und C.G. Jung in ihrem Verhältnis zueinander. *Psyche,*

Eine Zeitschrift fürTiefenpsychologie und Menschenkunde in Forschung und Praxis, 2:9-56, 1948.

Searles, H. *My work with borderline patients.* Northvale, NJ: Jason Aronson Inc. 1986.

Schlesinger, H. J. "Resistance as process". In P. L. Wachtel (org.), *Resistance: Psychodynamic and behavioral approaches.* Nova York: Plenum Press, 1982.

Schuster, R. Empathy and mindfulness. *Journal of Humanistic Psychology,* 19, 71-77, 1979.

Spenser, A. The effects of Overeaters Anonymous on the experiences of shame and guilt: healing through meeting. Proposta de dissertação não publicada. California School Of Professional Psychology, San Diego, 1990.

Spiegelman, M. J. Some implications of the transference. In *Speculum Psychologiae.* Festschrift für C. A. Meier. Zurique: Raschon Verlag, 1965.

Sreckovic, A. *A study on the relationship between preferences in personality style and leadership self-perception in a group of West German managers.* Dissertação de doutoramento não publicada. International College of Los Angeles, 1984.

Sreckovic, M. *Self-actualization, work satisfaction and perceived leader behavior of a superior: An emprical study of a group of West German managers at the middle level of management.* Dissertação de doutoramento não publicada, International College of Los Angeles, 1984.

Stanton, R. D. *Dialogue of psychotherapy: Martin Buber, Maurice Friedman and therapists of dialogue.* Dissertação de doutoramento não publicada. Union Graduate School/West, 1978.

Stanton, R. D. Maurice Friedman and the dialogic human image in psychotherapy. *Journal of Humanistic Psychology,* 25(1), 1985.

Stolorow, R. D. & Atwood, G. *Faces in a cloud: Subjectivity in personality theory.* Nova York: Jason Aronson, Inc., 1979.

Stolorow, R. D., Brandchaft, B., & Atwood, G. E. Intersubjectivity in psychoanalytic treatment: With special reference to archaic states. *Bulletin of the Menninger Clinic, 47,* 117-128, 1983.

Stolorow, R. D., Brandchaft, B., Developmental failure and psychic conflict. *Psychoanalytic Psychology, 3.* In R. D. Stolorow

(1986), Integrating self psychology and classical psychoanalysis: An experience-near approach. Paper presented at The Ninth Annual Psychology of the Self, San Diego, CA., 1987.

Stolorow, R. D. & Lachman, F. Transference: The future of an illusion. *The Annual of Psychoanaysis. 12,* 19-37, 1984.

Stolorow, R. D., Brandchaft, B., & Atwood, G. E. *Psychoanalytic treatment: An intersubjective approach.* Hillsdale, N. J.: The Analityc Press, 1985.

Strean, H. S. *Resolving resistances in psychotherapy.* Nova York: John Wiley & Sons, 1985.

Suzuki, S. *Zen mind, beginner's mind.* Nova York: John Weatherhill, Inc., 1970.

Tallon, A. Intentionality, intersubjectivity, and the between: Buber and Levinas on affectivity and the dialogical principle. *Thought: A Review of Culture and Idea, 53* (210), 1978.

Theunissen, M. *The other: Studies in the social ontology of Husserl, Heidegger, Sartre, and Buber.* C. Maccan (trad.) Introdution by R. R. Dallmayer. Cambridge, Mass: The MIT Press, 1977/ 1984.

Ticho E. Donald W. Winnicott, Martin Buber and the personal relationship. *Psychiatry: Journal for the Study of Interpersonal Processes, 37.* 240-253, 1974.

Trüb, H. From the self to the world (Vom Selbst zur Welt). *Psyche 1:* 41-67. In M. S. (org.) *The worlds of existencialism: A critical reader* (Hallo, W., trad.). Chicago: University of Chicago Press, 1964. (Edição original publicada em 1947.)

Trüb, H. Healing through meeting (Heilung aus der Begegnung). Eine Auseinandersetzung mit der Psychologie C. G. Jungs, Ernst Michel e Arie Sborowitz (org.) Preface, M. Buber. Stuttgart: Ernst Klett Verlag. In M. S. Friedman (org.) The worlds of existencialism: A critical reader (trad. W. Hallo). Chicago: University of Chicago Press, 1964. (Edição original publicada em 1952.)

Trüb, H. Individuation, guilt, and decision (Individuation, Schuld und Entscheidung. Über die Grenzen der Psychologie.) (selection). In *The worlds of existencialism* (Trad. e org. de M. S. Friedman). Chicago: The University of Chicago Press, 1964. (Edição original publicada em 1935.)

Trüb, H. In M. S. Friedman, *The healing dialogue in psychoterapy.* Nova York: Jason Aronson, 1985.

Ulman, R. B. & Stolorow, R. D. The "Transference-countertransference neurosis." In Psychoanalysis: An intersubjective viewpoint. *Bulletin of the Menninger Clinic, 49,* 37-51, 1985.

Van Dusen, W. The natural depht in man. In C. R. Rogers & B. Stevens, *Person to Person.* Nova York: Pocket Books, 1967.

Van Heusdan, A. & Van der Eerenbeent, E. *Balance in motion: Ivan Boszormeniy-Nagi and his vision of individual and family therapy.* Nova York: Brunner/Mazel Publishers, 1987.

Weizsäcker, V. von Doctor and patient. (trad. de K. E. von Rhau & M. S. Friedman). In M. S. Friedman (org.) *The worlds of existencialism: A critical reader* (pp. 405-409). Chicago: University of Chicago Press, 1964. (Edição original publicada em 1949.)

Welwood, J. (org.) T*he meeting of the ways: Explorations in East/ West psychology.* Nova York: Schocken Books, 1979.

Welwood, J. The unfolding of experience: Psychoterapy and beyond. *Journal of Humanistic Psychology, 22,* 91-104, 1982.

Welwood, J. *Awakening the heart: East/West approaches to psychoteraphy and the healing relationship.* Boulder, CO: Shambhala Publications, Inc., 1983.

Welwood, J. Principles of inner work: Psychological and spiritual. *The Journal of Transpersonal Psychology, 16,* 1, 1984.

Whitmont, E. C. *The symbolic quest: Basic concepts in analytical psychology.* Nova York: Harper & Row, Publishers, 1969.

Wilber, K. A developmental view of conciousness. *The Journal of Transpersonal Psychology, 11,* 1, 1979.

Wilber, K. The pre/trans fallacy. *The Journal of Humanistic Psychology. 22,* 57-90, 1980.

Wilber, K. (org.) *The holographic paradigm* Boulder: Publications Inc., 1982.

Wilber, K. The developmental spectrum and psychopathology: Part I, Stages and types of pathology. *The Journal of Transpersonal*

Psychology, 16, 75-118, 1984a.

Wilber, K. The developmental spectrum and psychopathology: Part II, Treatment modalities. *The Journal of Transpersonal Psychology,* 16, 137-166, 1984a.

Yalom, I. D. *Every day gets a little closer: A twice-told therapy.* Nova York: Basic Books, Inc., 1974.

Yalom, I. D. *Existential psychoterapy.* Nova York: Basic Books, Inc., Publishers, 1980.

Yalom, I. D. *Love's executioner and other tales of psychoterapy.* Nova York: Basic Books, Inc., Publishers, 1989.

Yontef, G. Gestalt therapy; A dialogic method. In K. Schneider (org.) *Gestalt therapie und neurose.* Munique: Pfeiffer Verlag, 1981.

Young Rose, K. J. *Confirmation therapy: A dialogical perspective on the development of the self.* Dissertação de doutoramento não publicada, International College, Los Angeles, 1984.

Zinkin, L. The collective and the personal. *Journal of Analytical Psychology, 24,* 227-250, 1979.

www.gruposummus.com.br